Llewellyn

Agenda de las Brujas 2026

Ilustraciones de Jennifer Hewitson
Textos de Mat Auryn, Elizabeth Barrette, Pamela Chen,
Monica Crosson, James Kambos, Emma Kathryn,
Melanie Marquis, Charlynn Walls, y Brandon Weston

2026

ENERO	FEBRERO	MARZO	ABRIL
L M X J V S D	L M X J V S D	L M X J V S D	L M X J V S D
1 2 3 4	1	1	1 2 3 4 5
5 6 7 8 9 10 11	2 3 4 5 6 7 8	2 3 4 5 6 7 8	6 7 8 9 10 11 12
12 13 14 15 16 17 18	9 10 11 12 13 14 15	9 10 11 12 13 14 15	13 14 15 16 17 18 19
19 20 21 22 23 24 25	16 17 18 19 20 21 22	16 17 18 19 20 21 22	20 21 22 23 24 25 26
26 27 28 29 30 31	23 24 25 26 27 28	23 24 25 26 27 28 29	27 28 29 30
		30 31	

MAYO	JUNIO	JULIO	AGOSTO
L M X J V S D	L M X J V S D	L M X J V S D	L M X J V S D
1 2 3	1 2 3 4 5 6 7	1 2 3 4 5	1 2
4 5 6 7 8 9 10	8 9 10 11 12 13 14	6 7 8 9 10 11 12	3 4 5 6 7 8 9
11 12 13 14 15 16 17	15 16 17 18 19 20 21	13 14 15 16 17 18 19	10 11 12 13 14 15 16
18 19 20 21 22 23 24	22 23 24 25 26 27 28	20 21 22 23 24 25 26	17 18 19 20 21 22 23
25 26 27 28 29 30 31	29 30	27 28 29 30 31	24 25 26 27 28 29 30
			31

SEPTIEMBRE	OCTUBRE	NOVIEMBRE	DICIEMBRE
L M X J V S D	L M X J V S D	L M X J V S D	L M X J V S D
1 2 3 4 5 6	1 2 3 4	1	1 2 3 4 5 6
7 8 9 10 11 12 13	5 6 7 8 9 10 11	2 3 4 5 6 7 8	7 8 9 10 11 12 13
14 15 16 17 18 19 20	12 13 14 15 16 17 18	9 10 11 12 13 14 15	14 15 16 17 18 19 20
21 22 23 24 25 26 27	19 20 21 22 23 24 25	16 17 18 19 20 21 22	21 22 23 24 25 26 27
28 29 30	26 27 28 29 30 31	23 24 25 26 27 28 29	28 29 30 31
		30	

2027

ENERO	FEBRERO	MARZO	ABRIL
L M X J V S D	L M X J V S D	L M X J V S D	L M X J V S D
1 2 3	1 2 3 4 5 6 7	1 2 3 4 5 6 7	1 2 3 4
4 5 6 7 8 9 10	8 9 10 11 12 13 14	8 9 10 11 12 13 14	5 6 7 8 9 10 11
11 12 13 14 15 16 17	15 16 17 18 19 20 21	15 16 17 18 19 20 21	12 13 14 15 16 17 18
18 19 20 21 22 23 24	22 23 24 25 26 27 28	22 23 24 25 26 27 28	19 20 21 22 23 24 25
25 26 27 28 29 30 31		29 30 31	26 27 28 29 30

MAYO	JUNIO	JULIO	AGOSTO
L M X J V S D	L M X J V S D	L M X J V S D	L M X J V S D
1 2	1 2 3 4 5 6	1 2 3 4	1
3 4 5 6 7 8 9	7 8 9 10 11 12 13	5 6 7 8 9 10 11	2 3 4 5 6 7 8
10 11 12 13 14 15 16	14 15 16 17 18 19 20	12 13 14 15 16 17 18	9 10 11 12 13 14 15
17 18 19 20 21 22 23	21 22 23 24 25 26 27	19 20 21 22 23 24 25	16 17 18 19 20 21 22
24 25 26 27 28 29 30	28 29 30	26 27 28 29 30 31	23 24 25 26 27 28 29
31			30 31

SEPTIEMBRE	OCTUBRE	NOVIEMBRE	DICIEMBRE
L M X J V S D	L M X J V S D	L M X J V S D	L M X J V S D
1 2 3 4 5	1 2 3	1 2 3 4 5 6 7	1 2 3 4 5
6 7 8 9 10 11 12	4 5 6 7 8 9 10	8 9 10 11 12 13 14	6 7 8 9 10 11 12
13 14 15 16 17 18 19	11 12 13 14 15 16 17	15 16 17 18 19 20 21	13 14 15 16 17 18 19
20 21 22 23 24 25 26	18 19 20 21 22 23 24	22 23 24 25 26 27 28	20 21 22 23 24 25 26
27 28 29 30	25 26 27 28 29 30 31	29 30	27 28 29 30 31

Agenda 2026 de las Brujas de Llewellyn, traducida de *Llewellyn's 2026 Witches Datebook* © 2025 de Llewellyn Publications. Publicado por Llewellyn Publications, Woodbury, MN 55125-2989 USA. www.llewellyn.com. Todos los derechos reservados. No puede reproducirse ningún texto o ilustración de esta publicación sin permiso expreso del editor, a excepción de citas utilizadas en las recensiones y comentarios críticos.

Traducción al castellano: *Juli Peradejordi*

Cálculos astrológicos recopilados y programados por Rique Pottenger, basados en el trabajo anterior de Neil F. Michelsen.

Diseño artístico, ilustración de cubierta: Jennifer Hewitson

© 2025, Ediciones Obelisco, S. L. - Collita, 23-25. Pol. Ind. Molí de la Bastida
08191 Rubí - Barcelona - España
E-mail: info@edicionesobelisco.com web: www.edicionesobelisco.com
(Reservados todos los derechos para la lengua española)

Impreso en Gràfiques Martí, Barcelona

ISBN: 978-84-1172-302-2

Printed in Spain

Índice

Cómo utilizar la Agenda 2026 de las Brujas

Bienvenido a la *Agenda 2026 de las Brujas*. Esta agenda se ha diseñado especialmente para brujas, paganos y magos. Utilízala para planificar celebraciones sabáticas, prácticas de magia, rituales de plenilunio e incluso tus visitas al dentista o al médico. A la derecha encontrarás la explicación de los símbolos.

Fases lunares: el ciclo de la Luna se divide en cuatro fases, que se indican en el calendario con su hora exacta. Cuando la Luna cambia de fase, se indica cuál es el cambio. Además del día en que sucede el cambio de fase, aparece el símbolo de una nueva fase lunar.

La luna en los signos: cada dos días y medio, aproximadamente, la Luna cambia de un signo al siguiente. El signo donde se encuentra la Luna al comienzo del día se indica junto a la fase lunar. Si la Luna cambia de signo ese día, hay una anotación que dice «☽ entra en», seguida del símbolo del signo en el que entra.

Luna vacía de curso: justo antes de que la Luna entre en un nuevo signo, presentará un último aspecto (relación angular) con otro planeta. Entre este último aspecto y la entrada de la Luna en el signo siguiente se dice que la Luna está «vacía de curso». Las actividades iniciadas cuando la Luna está vacía de curso raramente fructifican o bien adquieren un rumbo muy diferente del planeado.

Movimiento planetario: cuando un planeta o asteroide pasa de un signo a otro, ese cambio, llamado ingreso, se indica en la agenda junto al momento en que sucede. En este caso, el Sol y la Luna se consideran planetas. Los planetas (salvo la Luna y el Sol) parecen retroceder desde la perspectiva de la Tierra. A este movimiento se le denomina planeta retrógrado y se indica con el símbolo ℞. Cuando el planeta empieza a avanzar, o a ponerse directo, se muestra con la letra D y la hora en que sucede.

Días para plantar y días para cosechar: los mejores días para plantar o cosechar se indican en la agenda con la imagen de una semilla (plantar) y otra de un cesto (cosechar).

Cambios de zona horaria: las fechas y horarios de los acontecimientos astrológicos se han calculado para la hora legal de España, teniendo en cuenta el inicio del horario de verano el último domingo de marzo a las 02:00 horas y su finalización el último domingo de octubre a las 03:00 horas. Si vives en Canarias deberás restar una hora. Si resides en América del Sur, consulta la tabla de la página 166. Y recuerda que cuando tu país cambie al horario de verano deberás restar una hora más a la que marcan las tablas.

Planetas

☉ Sol	♄ Saturno		
☽ Luna	♅ Urano		
☿ Mercurio	♆ Neptuno		
♀ Venus	♇ Plutón		
♂ Marte	⚷ Quirón		
♃ Júpiter			

Signos

♈ Aries	♐ Sagitario
♉ Tauro	♑ Capricornio
♊ Géminis	♒ Acuario
♋ Cáncer	♓ Piscis
♌ Leo	
♍ Virgo	**Movimiento**
♎ Libra	℞ Retrógrado
♏ Escorpio	D Directo

1.ª fase / Luna nueva ●   3.ª fase / Luna llena ○
2.ª fase / cuarto creciente ☽   4.ª fase / cuarto menguante ☾

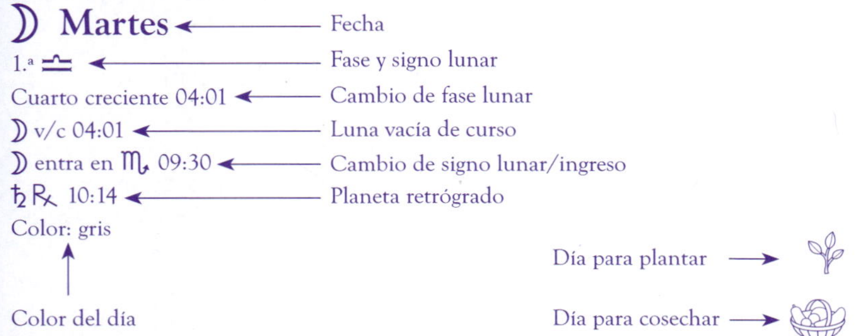

Guía de magia de protección

por James Kambos

Desde que los primeros habitantes de las cavernas se reunían alrededor de los primeros fuegos sagrados en las oscuras noches de invierno, la magia de protección, en alguna de sus formas, ya formaba parte de la cultura humana.

Lo más probable es que la primera manifestación de la magia de protección haya sido el arte que decoraba las paredes de esos refugios primitivos. Estas pinturas no eran simples decoraciones; solían representar el ritual de la caza, una actividad absolutamente vital para la supervivencia del clan. Este arte se utilizaba para invocar energías protectoras durante la caza, asegurando que el clan no muriera de hambre y que la cacería fuera abundante. Además, también se empleaba para levantar fuerzas protectoras que ayudaran a los cazadores a regresar sanos y salvos a sus hogares.

Comprendiendo la magia de protección

Desde sus orígenes más primitivos, la magia de protección ha evolucionado en múltiples formas. Su propósito es simple: rodear a las personas con un escudo de energía protectora y alejar o repeler fuerzas malignas.

La magia de protección implica el uso de arte, amuletos, sustancias naturales, objetos domésticos y la palabra hablada (palabras de poder) para resguardar a los individuos del daño o la mala suerte. Estos métodos o ingredientes pueden emplearse de manera individual o combinada.

Sin embargo, la magia de protección nunca debe confundirse con la magia de venganza. Su finalidad no es causar daño a nadie. Si conoces a la persona que ha dirigido fuerzas negativas hacia ti, puedes mencionar su nombre en un hechizo de protección, pero sólo con el propósito de pedir resguardo contra su energía, nunca para devolverle el daño. Créeme, el karma se encargará de las consecuencias necesarias. Además, el universo tiene formas de devolver la energía negativa de maneras que ni tú ni yo podríamos imaginar.

Ahora echemos un vistazo a algunos métodos para repeler, destruir y alejar fuerzas negativas. La magia de protección es económica y fácil de practicar. Muchos de los elementos necesarios son ingredientes básicos de cocina o artículos domésticos que probablemente ya tengas a mano.

Es importante recordar que la magia de protección aún se practica en muchas regiones del mundo. Es una forma popular de magia folclórica y se toma muy en serio. Algunas tradiciones de protección han perdurado durante generaciones y se han convertido en costumbres familiares. El siguiente hechizo es una de esas tradiciones en mi familia. Traído a América desde Grecia por mi abuela hace más de cien años, se usaba para repeler el temido mal de ojo. Mi abuela lo realizaba si alguien enfermaba repentinamente o atravesaba un período prolongado de mala suerte. Los ingredientes clave son el clavo molido y el aceite de oliva.

Ritual de protección con clavo y aceite de oliva

Necesitarás:

- 1 vela blanca nueva
- 1 portavelas
- ¼ de taza de agua
- ½ cucharadita de aceite de oliva
- ¼ de cucharadita de clavo molido
- 1 cuenco pequeño

Reúne los materiales en un altar, mesa o encimera. Coloca la vela de manera segura en el portavelas. Mezcla el agua, el aceite y el clavo en el cuenco. Enciende la vela con cuidado. Visualiza el resplandor de la llama rodeándote a ti, luego a la habitación y, finalmente, a toda tu casa con energía protectora. Remueve suavemente la mezcla de aceite y clavo con tu dedo tres veces. Observa la llama mientras dices en voz alta:

Vela arde, vela habla, vela dime, ¿hay mal que deba alejarse?

Escucha la vela mientras arde. ¿Chisporrotea y cruje? Si es así, significa que hay fuerzas negativas cerca. Mantén la calma. Visualiza esas fuerzas negativas siendo absorbidas por los elementos purificadores del aceite de

oliva y el clavo. Si no escuchas ningún sonido, tu espacio está limpio. Apaga la vela con cuidado. Luego, rocía o frota una gota de la mezcla de aceite en el umbral de cada puerta exterior. Vierte el resto de la mezcla fuera de tu hogar o por el desagüe. Lávate las manos. Guarda la vela para futuros rituales de magia positiva.

Utilizar espejos y bolas de cristal en la magia de protección

Los siguientes rituales de protección también están relacionados con el mal de ojo y la mayoría de formas de energía negativa, pero en este caso utilizan espejos y bolas de cristal decorativas para el jardín. Estos objetos pueden utilizarse fácilmente en la magia de protección, ya que tienen la capacidad de devolver maldiciones, ahuyentar espíritus malignos y rechazar cualquier fuerza no deseada. Además, los espejos también se emplean como portales hacia el reino espiritual.

Ritual de protección con espejos

Para este ritual, necesitarás al menos tres espejos: puedes usar un espejo de pared y un par de espejos pequeños o varios espejos de mano. Lo ideal es realizar este ritual durante la noche. Coloca los espejos alrededor de la habitación que hayas elegido. Si es posible, orienta al menos uno de ellos hacia una ventana y deja las cortinas o persianas abiertas. También necesitarás una linterna, que resulta más efectiva que la luz tenue de una vela.

Una vez que todo esté dispuesto, apaga todas las luces, incluida la linterna. Respira profundamente, conecta con la Tierra y céntrate. Luego, enciende la linterna y comienza a caminar en el sentido de las agujas del reloj alrededor de la habitación, moviendo la linterna en distintas direcciones, enfocando la luz en los espejos de forma aleatoria para crear un efecto de destellos, y pronuncia estas palabras de poder:

Los rayos de luz destellan, los rayos de luz centellean,
reflejos danzan en cada espejo.
Que toda maldad huya en la oscuridad,
abandona este espacio, déjalo en paz.
sal por mi mandato,
que tu presencia cese.

Respira tranquilamente durante unos momentos. Enciende las luces de la habitación y apaga la linterna. Deberías sentir una sensación de calma. Para finalizar este ritual de protección, limpia cada espejo con un limpiador de cristales para eliminar cualquier energía negativa residual. Luego, devuelve cada espejo a su lugar.

Cómo cargar mágicamente una bola de cristal para el jardín

Si deseas evitar que cualquier energía oscura o el mal de ojo entren en tu propiedad o tu hogar, aquí tienes algunas sugerencias para cargar mágicamente una bola de cristal de jardín.

Las bolas de jardín, también llamadas bolas de adivinación, pueden estar hechas de vidrio, plástico, espejo o incluso acero inoxidable. Originalmente, sólo se fabricaban de vidrio, y se cree que los primeros sopladores de vidrio en Italia fueron los creadores de estas esferas, hace aproximadamente 800 años. Sus superficies reflectantes las han convertido en elementos decorativos atractivos, pero su propósito va más allá de la simple ornamentación. En la magia de protección, se cree que las bolas de jardín pueden reflejar y devolver cualquier energía negativa o mal de ojo dirigido hacia el hogar. En tiempos antiguos, muchas personas temían que los transeúntes pudieran lanzar energía negativa o miradas de envidia hacia sus casas. Se pensaba que la superficie reflectante de estas bolas contrarrestaba esas energías y las devolvía a su origen.

Hoy en día, las bolas de jardín vienen en una variedad de colores y pueden cargarse fácilmente para proteger el hogar o la propiedad. Si aún no tienes una, puedes encontrarlas en la mayoría de los centros de jardinería. Elige un color y un material que te atraiga. Ten en cuenta que tal vez necesites comprar un soporte por separado. Un soporte similar al de un bebedero para pájaros suele funcionar bien. También puedes colocar bolas más pequeñas entre el follaje de un macizo de flores o dentro de una maceta al aire libre.

Cargar tu bola es un proceso sencillo. Comienza mezclando una cucharadita de sal con una taza de agua. Humedece un paño de algodón limpio en la solución salina y frótalo suavemente sobre la bola mientras te concentras en tu intención mágica. Luego, piensa o pronuncia estas palabras:

Bola de cristal, tan brillante y pura, repele el mal, ahuyenta la oscuridad. Devuelve la mirada de envidia y rencor, que el mal regrese a su emisor.

Ahora coloca tu bola de cristal en el jardín. He descubierto que la parte frontal de la casa es el mejor lugar para propósitos mágicos, o cualquier área donde haya tránsito de personas.

Magia de protección desde tu despensa

Echemos un vistazo a algunos elementos domésticos simples que pueden crear una magia de protección poderosa. Vivo en la región de los Apalaches, en Ohio, un lugar rico en folclore mágico, especialmente en lo que respecta a la magia de protección. Cuando era niño, algunas personas que vivían en las colinas más remotas practicaban la magia de protección. Tal vez colgaban ajos cerca de la puerta principal o esparcían sal en el umbral para alejar el mal. Fuera cual fuera su método, utilizaban ingredientes sencillos del hogar, la mayoría de los cuales probablemente ya tengas a mano. Aquí tienes un ritual basado en esas prácticas.

Necesitarás:

- 1 diente de ajo pelado
- 1 cucharadita de sal y de pimienta negra
- 1 escoba

Comienza triturando el ajo, la sal y la pimienta negra juntos. Espolvorea esta mezcla a lo largo del umbral de tu puerta principal mientras dices:

Sal, limpia. Ajo, purifica. Pimienta, arde.
Que ningún mal cruce este círculo protector.
Protege a mi familia, protégeme a mí.
Que nadie entre si no lleva mi llave.

Finaliza apoyando tu escoba contra la puerta. Al día siguiente, toma la escoba, barre la mezcla de sal en un recogedor y deséchala.

El amuleto del ojo

Si deseas llevar contigo la magia de protección en todo momento, quizá te interese conocer el amuleto del ojo, también conocido como «ojo turco» o «nazar».

En los últimos años, el amuleto del ojo ha ganado popularidad. Se cree que este talismán tiene la capacidad de devolver el mal de ojo a su emisor. Es especialmente popular entre los turcos y los griegos, y puede encontrarse fácilmente en tiendas en línea o en establecimientos que venden arte y joyería turca o griega. Casi siempre es de color azul, un tono asociado con la buena suerte. Algunos son muy económicos, mientras que otros pueden estar pintados a mano y montados en oro. Puedes llevarlo en una pulsera o en una cadena alrededor del cuello. Hay quienes confían plenamente en su poder; de hecho, mientras escribo esto, llevo uno puesto.

Antes de usar un amuleto del ojo, es recomendable bendecirlo diciendo:

Amuleto del ojo, estamos unidos, protégeme bien.
Guárdame de la mala suerte y de cualquier hechizo cruel.

***

Desde el sílex hasta el átomo, desde el fuego en el suelo de una cueva hasta la era digital, la magia de protección ha acompañado a la humanidad en cada paso de su historia.

Doce portales místicos para la expansión de la riqueza

por Pamela Chen

El universo está compuesto de números y frecuencias. Sabemos que todos somos energía, y la magia consiste en usar los elementos y lo que nos rodea para hacer realidad nuestras intenciones. Existen portales y puertas de poder a lo largo del año relacionados con la magia de la numerología. Es posible que ya conozcas algunos, como el 11/11 y el 8/8 (la Puerta del León). Sin embargo, hay otros «días portal» a lo largo del año, y todos estos accesos pueden utilizarse para activarnos y alinearnos con la energía de ser brujas prósperas.

La abundancia es nuestro derecho de nacimiento. Mantener una práctica mágica constante de rituales de riqueza es esencial en nuestro camino de ascensión hacia la prosperidad. Dentro de nuestro campo energético, poseemos un «contenedor del éxito» que determina lo que podemos manifestar en el mundo material. Si está bloqueado con energías estancadas, es necesario eliminar y limpiar esos residuos primero. Sólo así podremos atraer más riqueza.

También debemos enfocarnos en expandir nuestra energía para que nuestro contenedor de éxito crezca y nos permita elevar nuestra vida. Una de las formas más sencillas y efectivas de hacerlo es trabajando con los portales de cada mes.

Echemos un vistazo a los principales portales mensuales del año que viene y aprendamos cómo puedes utilizar sus energías y la información compartida en este calendario para expandir tu contenedor del éxito, atraer más riqueza y sintonizar con el flujo abundante. Puedes recorrer cada uno de los portales mes a mes, enfocándote en diferentes aspectos de tu expansión de prosperidad. O bien, puedes activar las energías de los portales a través de los rituales de riqueza que resuenen contigo. Planifica tus hechizos y rituales alineándolos con las fechas de los portales.

Enero: 1/1

El portal del 1/1 vibra con la frecuencia energética de los números uno y dos (1 + 1 = 2). La energía del uno está relacionada con los nuevos comienzos y la iniciación, mientras que la del dos representa la dualidad y la armonía, equilibrando las fuerzas del divino masculino y femenino para lograr unidad. Al encontrarnos en la energía de Capricornio, este portal también favorece la construcción de éxito y riqueza a largo plazo. Usa la poderosa magia de este día para sembrar intenciones y dar inicio a un nuevo proyecto, negocio, inversión, relación próspera o práctica espiritual. Dado que el número dos está presente, es importante que, después de realizar tu hechizo o trabajo mágico, tomes acción en el mundo físico. Así, estarás activando la dualidad de este portal y asegurando tu éxito.

Febrero: 2/2

El portal del 2/2 activa la energía de los números dos y cuatro (2 + 2 = 4). El dos simboliza equilibrio y conexión y está vinculado a la energía de la Luna, por lo que trabajar con la magia lunar durante este mes potenciará las intenciones que establezcas en este día portal. El número cuatro, por su parte, proporciona estabilidad y estructura. Trabajar con el portal del 2/2 te ayudará a amplificar la motivación e inspiración necesarias para tomar acciones alineadas con tus metas de prosperidad. Éste es un día portal ideal para romper bloqueos y eliminar energías estancadas. Durante esta fecha, también estamos sintonizando con la energía de Acuario, un signo asociado con la conexión y la construcción de comunidad. Después de tu práctica, toma acción y fortalece tu red de contactos.

Marzo: 3/3

El portal del 3/3 activa la energía de los números tres y seis (3 + 3 = 6). El tres es el número de la manifestación, de transformar lo intangible en tangible. Muchas prácticas sagradas están basadas en el poder del tres, por lo que éste es uno de los portales de manifestación más poderosos del año. El número seis representa logro y celebración, aportando una energía de satisfacción y plenitud. Además, la magia soñadora de Piscis entra en juego, potenciando la conexión con la intuición y los deseos profundos del alma. Para tu ritual de riqueza en este día portal, sueña en grande y atrévete a manifestar cosas significativas en tu vida. Permanece atento

a las ideas creativas y a las señales de tu intuición durante todo el mes después de activar la energía del 3/3.

Abril: 4/4

El portal del 4/4 vibra con la frecuencia energética de los números cuatro y ocho (4 + 4 = 8). Ya sabemos que el cuatro está asociado con la estabilidad y la construcción de bases sólidas. También es un número directo y estructurado. El número ocho en este portal activa una energía de movimiento rápido. Es un momento ideal para trabajar en hechizos de inyección rápida de dinero. Sin embargo, cuando manifiestes esa riqueza, asegúrate de reinvertir parte de ella en tus proyectos o negocio para garantizar el crecimiento continuo. Durante este portal, estarás bajo la influencia de Aries, signo regido por Marte y caracterizado por su energía de fuego y acción. Sentirás el llamado a moverte y tomar muchas decisiones para alcanzar tus objetivos. No obstante, es crucial que esas acciones estén alineadas con tus verdaderas intenciones.

Mayo: 5/5

El portal del 5/5 activa la energía de los números cinco y diez (5 + 5 = 10). El cinco suele tener una reputación desafiante, ya que en el tarot está asociado con obstáculos y pérdidas. Sin embargo, lo que debemos comprender es que a través de estas experiencias incómodas es donde realmente crecemos y evolucionamos. Además, el cinco simboliza libertad y aventura. El número diez representa la culminación de un ciclo: has atravesado desafíos, aprendido lecciones y ahora estás listo para ascender al siguiente nivel. Este portal se encuentra en la energía de Tauro, un signo que rige la riqueza, el lujo y los placeres materiales. Antes de realizar tu ritual, tómate un momento para evaluar qué aspectos de tu vida necesitan ajustes o refinamiento para que alcanzar tus objetivos sea más fácil. Luego, utiliza la magia de este portal para manifestar abundancia material, ya sea un viaje de lujo en primera clase a tu destino soñado o la compra de una nueva casa.

Junio: 6/6

El portal del 6/6 activa la energía de los números seis y tres (6 + 6 = 12, 1 + 2 = 3). La frecuencia del seis está vinculada a los deseos del alma y los logros. Aquello que sientas el llamado de manifestar en este día proviene de lo más profundo de tu ser y está conectado con tu propósito de vida.

El número tres representa expansión y conocimiento, lo que refuerza la energía de crecimiento en este portal. Además, la frecuencia zodiacal de Cáncer influye en este día, promoviendo la comodidad y la belleza en el hogar. En este portal, enfócate en manifestar riqueza no sólo para ti, sino para el bienestar de todos. Practicar el servicio y ayudar a los demás este mes activará aún más la prosperidad en tu vida.

Julio: 7/7

El portal del 7/7 vibra con la frecuencia energética de los números siete y cinco (7 + 7 = 14, 1 + 4 = 5). La energía predominante en este portal es la del número siete, que representa la espiritualidad y los milagros. Por su parte, el número cinco nos habla de cambios necesarios para el crecimiento. La combinación de estas energías sugiere que este es un día ideal para recibir sabiduría espiritual y enseñanzas que te ayuden a expandir tu riqueza. Realizar un ritual para atraer a los mentores y maestros adecuados para tu camino mágico será especialmente poderoso en este portal, que también está influenciado por la energía zodiacal de Géminis, un signo relacionado con la mente y la exploración de nuevas experiencias. Es un momento perfecto para descubrir una nueva práctica mágica o recibir conocimientos transformadores. A medida que profundices en tu camino espiritual, comenzarás a experimentar milagros y oportunidades de abundancia en tu vida.

Agosto: 8/8

El portal del 8/8 activa la energía de los números ocho y siete (8 + 8 = 16, 1 + 6 = 7). El número ocho simboliza la abundancia masiva, y este portal coincide con la Puerta del León, una alineación estelar poderosa que ocurre bajo el signo de Leo. Este portal combina divinamente las energías del ocho y el siete, creando una oportunidad única para manifestaciones poderosas. En este día, tómate un tiempo para visualizar dónde deseas estar en un año y diseña un ritual para atraer esa realidad hacia ti. El 8/8 es uno de los portales más conocidos y poderosos del año. Si deseas ser visto, ya sea a través de la publicación de un libro o el crecimiento de tu negocio, éste es el portal perfecto para trabajar la magia de la fama y la riqueza.

Septiembre: 9/9

El portal del 9/9 activa la energía del número nueve (9 + 9 = 18, 1 + 8 = 9). Esto lo convierte en un portal de energía nueve amplificada, ya que tanto la energía principal como la de soporte son del mismo número. El nueve simboliza la finalización de ciclos. Si deseas acelerar un proyecto o concluir una tarea pendiente, éste es un día potente para manifestarlo.

Este portal está influenciado por la energía de Virgo, lo que favorece la organización y la planificación eficiente.

Octubre: 10/10

El portal del 10/10 activa la energía de los números diez y dos (10 + 10 = 20, 2 + 0 = 2). La magia del diez está relacionada con los nuevos comienzos, ya que al desglosarlo, vuelve a convertirse en uno. Sin embargo, esta vez el inicio viene acompañado de sabiduría adquirida a través de experiencias previas. La energía del dos en este portal se enfoca en tu relación con el tiempo. Bajo la influencia zodiacal de Libra, este es un momento ideal para trabajar en rituales que te ayuden a manifestar el tiempo y el espacio necesarios para alcanzar todas tus metas.

Noviembre: 11/11

El portal del 11/11 vibra con las frecuencias de los números once, dos (1 + 1 = 2) y cuatro (11 + 11 = 22, 2 + 2 = 4). El número once se mantiene intacto, ya que es un número maestro vinculado al crecimiento espiritual y a la comunicación con el cosmos. El dos en este portal representa la conexión entre el once (el plano divino) y el cuatro (el mundo material). Éste es uno de los días más conocidos por su capacidad de hacer realidad los deseos y atraer buena suerte. Tus rituales pueden enfocarse en cualquier manifestación —no hay límites— pero serán especialmente poderosos si trabajas con emociones elevadas durante el proceso. Este portal reside en la energía de Escorpio, lo que potencia la profundidad emocional y la transformación.

Diciembre: 12/12

El portal del 12/12 activa la energía de los números tres y seis (12 + 12 = 24, 2 + 4 = 6). Al igual que el portal del 3/3, este acceso se conecta con la manifestación, la creación y el triunfo. La energía de Sagitario influye en este portal, impulsándote a expandirte y tomar acciones más grandes después de su activación. Un ejercicio mágico ideal para este día es escribir doce cosas por las que estás agradecido y doce cosas que deseas manifestar en el próximo año, cargándolas con la magia del 12/12.

Magia cotidiana

por Charlynn Walls

Como paganos, brujas, wiccanos y heathens, tenemos una conexión más profunda con nuestro mundo que nos ayuda a mantener nuestro equilibrio personal. Sin embargo, practicar en la Luna llena o durante los *sabbats* no es la única forma de mantenernos conectados. Diariamente existen oportunidades para conectar con la Tierra y con el Dios y la Diosa. Al aprovechar esas oportunidades, podemos mejorar nuestras prácticas mágicas y enriquecer nuestras conexiones.

La práctica mágica cotidiana nos ayuda a desarrollar una conexión más profunda con el Espíritu a lo largo del año y nos brinda una mejor manera de centrarnos y relacionarnos con el mundo. Las prácticas diarias incluyen el uso de afirmaciones, oportunidades para la atención plena y rituales que ayudarán a crear y mantener el equilibrio, la estabilidad y la seguridad.

Afirmaciones

Las afirmaciones permiten a la persona enfocar su intención en áreas específicas de su vida o práctica que necesitan atención. Pueden usarse en momentos concretos del día para ayudar a mantener un estado mental adecuado o inspirarte a ser una mejor versión de ti mismo. Las afirmaciones pueden repetirse a lo largo del día para mantener el enfoque y reforzar la intención.

A menudo he utilizado afirmaciones para ayudarme a mantener un pensamiento o intención en mi mente. Lo hice mientras buscaba un grupo con el cual trabajar dentro de la comunidad pagana, y las oportunidades comenzaron a abundar. Recibí invitaciones a círculos donde los grupos evaluaban a las personas antes de emitir una invitación formal a un aquelarre. Descubrí que los grupos no sólo se reunían para rituales, sino que también servían a la comunidad en general, lo que me llevó a encontrar mi propósito durante diez años.

Si bien una afirmación no es un hechizo en sí misma, puede transformarse en uno con poco esfuerzo. Las afirmaciones diarias deben ser simples, cortas y positivas. Pueden ser tan específicas como lo necesites. Para comenzar, aquí hay algunas afirmaciones que puedes utilizar:

- *Atraigo a personas afines que valorarán mi conocimiento.*
- *Dejo ir la negatividad, la ira y todo aquello que no sirve a mi bien más elevado.*
- *Soy una bruja / wiccana / pagana / poderosa en mi camino.*
- *Elijo mi camino y su destino.*
- *Soy un hijo/a de la Diosa (o inserta tu deidad patrona).*
- *Me abro a las bendiciones del universo.*
- *Completaré mi formación para asegurar un mejor trabajo.*

Hechizo con afirmación

Para realizar un hechizo simple, primero debes decidir qué afirmación vas a utilizar. Para este propósito, se recomienda una afirmación más específica. Por ejemplo, si buscas obtener un trabajo mejor remunerado, podrías usar la siguiente afirmación:

Completaré mi formación para asegurar un mejor trabajo.

Visualiza que estás rodeado por una suave luz blanca que crea un círculo de protección a tu alrededor. Luego, di: «Creo este círculo de protección para eliminar la negatividad y permitir que mi intención se

manifieste». Toma una respiración profunda mientras cierras los ojos, absorbiendo las energías de la Tierra. Exhala para centrar esa energía en tu plexo solar. Repite tu afirmación en voz alta tres veces y visualiza cómo la energía concentrada en tu plexo solar empuja esa intención hacia el universo. Para finalizar, di:

Así lo deseo, así se haga.

Mindfulness

El *mindfulness* es una conciencia activa que te permite estar presente en el momento, aquietar la mente y proporcionar un enfoque que calma y te permite encontrar un significado más profundo o una conexión con tu yo superior, con los demás y con el entorno que te rodea. El *mindfulness* puede practicarse en cualquier momento o puede formar parte de la meditación. Esto requiere que estés completamente presente: que comprendas tu cuerpo y tu entorno y que estés arraigado en el momento.

El *mindfulness* te permite reconocer los sentimientos y reacciones que tu cuerpo está experimentando en el momento. Los pensamientos y sentimientos pueden encontrarse en cualquier punto del espectro emocional. Pueden ser positivos, neutros o negativos. Al comprender dónde estás en el momento, puedes tomar control de esos pensamientos antes de que se conviertan en algo vivo que escape a tu control.

Estar presente puede ser un desafío, especialmente en momentos de estrés. Mi madre falleció hace varios años. Tuve que reconocer mi dolor en el momento y supe que quienes me rodeaban también estaban luchando con la hospitalización y la comprensión de que ella no iba a volver a casa. Utilicé el *mindfulness* para entender mi reacción y moderar mi respuesta de modo que pudiera ayudar con las decisiones que necesitaba tomar. No es que no haya sentido dolor, sino que reuní mis pensamientos y emociones para poder hacer uso de esa energía ansiosa y utilizarla de modo que tuviera un impacto para quienes me rodeaban.

Mindfulness *como práctica diaria*

Diariamente podemos practicar el *mindfulness* para ayudarnos a alcanzar nuestros objetivos y calmar nuestra alma. Hay muchas maneras de practicar el *mindfulness* a diario, pero aquí hay algunas sugerencias:

Respiración: Toma una serie de diez respiraciones profundas que expandan completamente los pulmones. Esto te permite enfocarte en tu cuerpo y en cómo se siente en el momento. Te ayuda a ralentizar tu respiración y aceptar una quietud dentro de ti. Esto es ideal para momentos de alto estrés.

Observación: Tómate un momento para observar tu entorno. Puede ser en el interior, en el exterior o mirando a través de una ventana en tu hogar o lugar de trabajo. ¿Qué hay presente en tu entorno? No es necesario que identifiques nada específicamente; sólo estate en el momento. Observa lo que está ahí, incluyendo el aroma, el color, la textura y la interacción de los elementos dentro de ese entorno. ¿Qué, si es que hay algo, necesitas hacer para sentirte cómodo?

Escucha: La escucha consciente significa estar comprometido con la persona que está hablando. Debes inclinarte ligeramente hacia adelante y relajar tu postura para estar receptivo a lo que la otra persona está diciendo. No hables. Escucha verdaderamente lo que están diciendo para que puedas tomarte un momento y absorberlo antes de responder.

El mindfulness *como meditación*

También puedes usar el *mindfulness* como parte del proceso de meditación. Relajar el cuerpo se hace de manera deliberada para aumentar tu conciencia sobre ti mismo a lo largo del proceso. Debes estar presente en el momento para completar la meditación y luego procesar la información que recibas durante la meditación en ese instante.

Encuentra una posición cómoda, ya sea sentado o acostado. Toma una respiración profunda y exhala, sintiendo cómo los músculos de tu cuerpo comienzan a relajarse. Siente la tensión liberarse de los dedos de los pies, luego los pies y tobillos. Toma otra respiración y exhala, permitiendo que la tensión en tus pantorrillas se disipe, sintiendo cómo se alivian las articulaciones de tus rodillas. Toma otra respiración y exhala mientras la tensión en tus muslos se afloja. Toma una respiración profunda y siente cómo la tensión acumulada en tu abdomen se libera. Toma una respiración profunda y permite que los músculos de tu pecho se relajen. Toma otra respiración y exhala, sintiendo cómo la tensión en tu cuello y hombros se derrite. Finalmente, toma una respiración profunda y siente cómo tu cuero cabelludo libera cualquier tensión restante en tu cuerpo.

Visualízate en tu mente y observa cómo todos tus problemas, preocupaciones y estrés giran a tu alrededor mientras tú permaneces en el ojo de la tormenta. Donde estás, hay calma, y puedes ver todas esas preocupaciones a tu alrededor por lo que realmente son. Extiende tu mano y alcanza el problema que más necesitas abordar y resolver en este momento. Sácalo de la tormenta que te rodea. Sostenlo en la palma de tus manos y examínalo. ¿De dónde proviene este problema? ¿Qué lo rodea? ¿Qué poder ha tenido sobre ti? ¿Qué se necesita para dejarlo ir? Si necesitas más tiempo con él, puedes devolverlo a la tormenta para revisarlo más tarde. De lo contrario, siéntate en la calma de la tormenta y, cuando

estés listo, suéltalo y empújalo hacia arriba y lejos de ti, sabiendo que lo has resuelto o que puedes resolverlo. Puedes hacer esto con cualquier obstáculo en tu camino y repetir el proceso tantas veces como sea necesario.

Toma otra respiración purificadora y observa cómo la tormenta a tu alrededor comienza a disiparse. Permite que esas preocupaciones se desvanezcan en el fondo. Ahora abre los ojos.

Rutinas y rituales diarios

La magia está a nuestro alrededor; sólo necesitamos acceder a ella. Todos podemos tomarnos un momento en nuestros días para crear rutinas pequeñas pero significativas que realcen nuestra práctica espiritual. Estas rutinas aumentan nuestra atención y mejoran nuestra concentración. Al tomar la decisión consciente de practicar nuestro arte diariamente, podemos acceder de manera más efectiva a las energías dentro de nosotros y a las que nos rodean.

He implementado varias rutinas diarias que me han ayudado a conectar o reconectar con mi espiritualidad. Estas rutinas fueron especialmente útiles cuando estaba enfrentando grandes problemas en mi vida. Además, estas rutinas son adaptables y están sujetas a cambios a medida que navegas por las aguas de tu vida.

Rutinas diarias

Las rutinas deben practicarse activamente cada día y así te ayudarán a establecer tus intenciones, manifestarlas y sostener la magia. Cada persona puede y debe crear sus propias rutinas únicas. A continuación, menciono algunas maneras para inspirar tu creatividad:

Afirmaciones: Te permiten tomarte un momento para expresar tu afirmación y reenfocar tu energía.

Meditaciones: Te ayudan a relajarte por completo y a abordar un problema o desafío de manera directa.

Extracción diaria de una carta del tarot: Esto te permite profundizar en el conocimiento del tarot o ver qué mensaje te envía el universo o el Espíritu sobre en qué deberías enfocarte.

Cocinar: Remover tu comida en sentido de las agujas del reloj fomentará la salud y la abundancia para tu familia.

Saludar el día: Tomarte un momento para centrarte y mirar hacia el Sol por la mañana puede energizarte para enfrentar el día.

Magia de los colores: Puedes aumentar tus posibilidades de navegar con éxito tu día eligiendo ropa de un color específico que corresponda con lo que deseas lograr.

Ritual diario

Cualquier rutina diaria puede convertirse en un ritual diario. La idea es asegurarse de que sea corto y fácil. No muchas personas tienen el tiempo para hacer un ritual elaborado todos los días. Sin embargo, todos tenemos entre cinco y diez minutos que podríamos apartar del tiempo que pasamos escroleando en nuestros teléfonos para realizar un simple ritual. Voy a profundizar en la rutina de cocinar.

Crea un espacio sagrado visualizándote rodeado de luz blanca. Mientras trabajas en la preparación de tu comida, puedes hacer elecciones de condimentos que influirán en el resultado. Si quieres fomentar la protección, podrías añadir ajo, anís, hinojo, romero, pimienta negra, sal, cebolla, entre otros. Reúne todos los ingredientes necesarios para tu receta y elige hierbas que no sólo aporten su naturaleza protectora a la comida, sino que también realcen el sabor de lo que estás cocinando.

Asegúrate de que cualquier hierba mágica que agregues a tu comida sea comestible y no tóxica. A medida que agregues cada hierba, di:

Dios/Diosa, provee a mi familia de las propiedades protectoras de esta hierba.

Después de agregar todas las hierbas y especias necesarias a tu platillo, remueve en sentido de las agujas del reloj para garantizar la efectividad de tu trabajo y agregarle positividad. Mientras sirves la comida, di:

Con esta comida, traemos energías protectoras y positivas a todos los que se sientan en nuestra mesa. ¡Que así sea!

Conclusión

Es imperativo que los practicantes espirituales abracen la singularidad que, como individuos, aportamos a la práctica. Al hacer un esfuerzo por realizar algo diariamente para fortalecer nuestra espiritualidad, incrementamos nuestra conexión con lo que nos hace seres mágicos. Y así, accedemos a las energías de manera más rápida y efectiva, haciendo que nuestra práctica mágica sea aún más poderosa.

Cuerdas
de hechizo
con el tarot

por Mat Auryn

¿Tienes una baraja de tarot que ha visto días mejores? Tal vez una taza de té se derramó accidentalmente, una mascota curiosa decidió darle un mordisco o el barajado diario dobló algunas de tus queridas cartas. Es desalentador cuando tu baraja ya no está lo suficientemente impecable para lecturas tradicionales, pero no te apresures a descartar a esos sobrevivientes resistentes. Puedes transformar las cartas intactas que quedan en el mazo en poderosas herramientas para la hechicería. Reutilizar estas cartas no sólo honra su magia intrínseca, sino que también infunde a tus prácticas un toque mágico profundamente personal.

El tarot ocupa un lugar especial en mi arsenal psíquico. Ya sea que esté meditando en las cartas para acceder a niveles más profundos de conciencia o utilizándolas para aclarar y potenciar la información psíquica recibida, el tarot demuestra tener un valor inestimable. Las imágenes vívidas y el rico simbolismo de cada carta interactúan poderosamente con la mente subconsciente, evocando visiones que nos mueven de un nivel a otro de la psique. También creo firmemente que la interacción continua con las cartas a través de lecturas regulares eleva lentamente la conciencia y agudiza la receptividad psíquica y la intuición.

Las cartas del tarot también son casi talismanes ideales, impregnadas de siglos de pensamiento mágico, tradición y simbolismo. Cada carta es un depósito de interpretaciones colectivas y correspondencias que han sido enriquecidas a lo largo del tiempo mediante su uso repetido y el estudio diligente de innumerables practicantes. Esta continua infusión

colectiva de energía, intención y asociaciones de correspondencias no sólo ha cimentado su eficacia en la adivinación, sino que también las ha cargado con una poderosa fuerza mágica. La rica imaginería y los arquetipos en cada carta sirven como un potente conducto para canalizar y manifestar energía mágica, convirtiéndolas en herramientas extraordinariamente poderosas en la hechicería y el trabajo mágico.

Una de mis aplicaciones mágicas favoritas para las cartas del tarot es la creación de cuerdas de hechizo con tarot. Una cuerda de hechizo con tarot es una adaptación de la escalera de la bruja, que incorpora cartas del tarot. Una escalera de la bruja es un talismán que generalmente consiste en una cuerda o hilo con nudos, plumas, cuentas u otros pequeños objetos atados a ella. Cada nudo y objeto entrelazado en la escalera tiene un significado mágico específico, a menudo destinado a capturar y almacenar hechizos o servir como un canal para las intenciones de la bruja. Históricamente, estas escaleras se han utilizado en hechizos que van desde la protección y la sanación hasta el amarre y la maldición.

Las cuerdas de hechizo con tarot toman la idea de la escalera de la bruja y entrelazan el poder simbólico de las cartas con elementos como cintas, cristales y hierbas, donde cada componente agrega su propia energía al hechizo. Mi método personal implica seleccionar cartas que resuenen con la intención del hechizo, atarlas a cuerdas que han sido cargadas con energías específicas y decorarlas con elementos naturales correspondientes para potenciar su poder y propósito.

Esta guía te introducirá en el arte mágico de crear una cuerda de hechizo, con un enfoque en fortalecer la intuición y tu confianza en ella. Aunque el ejemplo proporcionado se centra en la intuición, las técnicas son adaptables a diversas intenciones. La clave es personalizar tu cuerda de hechizo con tarot incorporando amuletos, encantos o incluso fragmentos de escritos personales que tengan un significado sentimental o espiritual. Cada adición no sólo fortalece la potencia mágica, sino que también profundiza tu conexión personal, transformándola en una herramienta única y poderosa dentro de tu repertorio mágico.

<h1 style="text-align:center">Cartas para una cuerda de hechizo
con el tarot para la intuición</h1>

Me gusta emparejar las cartas del tarot en mis cuerdas de hechizo. En cada par, se evoca un tema específico, lo que refuerza la intención general del hechizo. Aquí están las cartas con las que trabajaremos y la razón de su elección:

La suma sacerdotisa y el ermitaño

Esta combinación representa la esencia misma de la búsqueda del conocimiento profundo dentro de uno mismo. Por tradición, la suma sacerdotisa alberga dentro de sí la intuición, el misterio y todas las actividades del subconsciente. Su presencia en la cuerda de hechizo fomenta la apertura de esa sabiduría interior y la percepción que no es fácilmente visible en la superficie. Esto se complementa con el ermitaño, quien simboliza la introspección y la iluminación. A menudo representado como una figura solitaria en su camino de búsqueda, el ermitaño se aparta del mundo exterior para adentrarse en su reino interior. Juntos, tienen el poder de fomentar el cultivo y la confianza en la propia sabiduría interna, esencial para el desarrollo de la intuición.

La Luna y la estrella

Juntas, representan el viaje desde la incertidumbre hacia la esperanza y la inspiración. La Luna señala el reino de la ilusión, la intuición y la navegación a través de la confusión. Ilustra la dificultad de seguir la intuición cuando estamos rodeados de engaños o cuando los caminos no están claros. Por otro lado, la estrella ilumina y da esperanza. Representa la fe, la claridad espiritual y la luz que brilla en el camino marcado por la Luna. Esta combinación equilibra el reconocimiento de los peligros que conlleva confiar en la intuición con la fe en la guía que ésta proporciona, y nos ayuda a creer en el poder de la percepción interior.

El loco y el colgado

Este tema gira en torno a los nuevos comienzos y la disposición para ver las cosas desde una nueva perspectiva. El loco simboliza el inicio de una aventura, con una actitud inocente y espontánea de dar saltos de fe basados en sentimientos intuitivos. El colgado, en cambio, representa la pausa y la contemplación, la suspensión de la acción para ganar sabiduría o percepción. Esta carta insta a observar las situaciones desde un punto de vista totalmente distinto, uno que a menudo pasa desapercibido o no es evidente de inmediato, lo que con frecuencia lleva a una visión espiritual e intelectual más profunda.

El ocho de copas y el dos de espadas

Aunque esta combinación puede parecer inesperada, ambas cartas giran en torno a confiar en la intuición durante las transiciones emocionales y la toma de decisiones en momentos de conflicto interno. El ocho de copas implica alejarse de situaciones conocidas pero insatisfactorias, instando a seguir el corazón incluso cuando el camino no está completamente iluminado. Sobre todo, es una llamada clara a confiar en los instintos más profundos. El dos de espadas, por su parte, representa ese momento de elección en el que uno debe creer en su voz interior para tomar decisiones difíciles, incluso cuando parece que se avanza con los ojos vendados, sin ver las consecuencias inmediatas.

Instrucciones para crear una cuerda de hechizo con tarot para la intuición

Necesitarás:

- Cartas del tarot: la suma sacerdotisa, el ermitaño, la Luna, la estrella, el loco, el colgado, el ocho de copas y el dos de espadas.
- Marcador
- Pergamino pequeño
- Tijeras
- Perforadora
- Cintas
- Cuerda de aproximadamente 1 cm de diámetro y 91 cm de largo (elige colores asociados con la intuición; suelo usar morado o plata).
- Plumas, cuentas y amuletos (opcional para añadir simbolismo adicional).

Mide y corta la cuerda. Escribe la afirmación: *Mi intuición es precisa y fuerte, y confío en ella*, en la parte trasera de cada carta del tarot. Empareja las cartas según lo especificado, colocándolas espalda con espalda para que las imágenes queden hacia afuera y las palabras escritas queden ocultas. Usa la perforadora para hacer agujeros en la parte superior de cada par de cartas. Pasa cintas a través de los agujeros, preparándolas para su sujeción a la cuerda.

Corta un cuadrado de pergamino, dibuja un ojo en el centro y escribe la misma afirmación de más arriba a su alrededor. Enrolla el pergamino. Comienza en un extremo de la cuerda, atando el primer nudo mientras te concentras en tu intención y recitas:

Con el nudo de uno, el secreto se revela,
luz interior y sabiduría sembrada.

Acerca el primer par de cartas del tarot (la suma sacerdotisa y el ermitaño) al primer nudo, pasando una cinta a través del agujero perforado en ambas cartas, asegurándote de que estén espalda con espalda, y átalas a la cuerda.

Espacia los nudos de manera uniforme, fijando cada par de cartas del tarot en estos intervalos con sus correspondientes rimas:

La Luna y la estrella: *Con el nudo de dos, el camino a seguir, brillo de la Luna y luz de la estrella a cumplir.*

El loco y el colgado: *Con el nudo de tres, el salto y la pausa, inicio del viaje, causa de la reflexión.*

El ocho de copas y el dos de espadas: *Con el nudo de cuatro, avanzar o detenerse, seguir el llamado del corazón y confiar en la voluntad.*

Ata un nudo final en la parte inferior de la cuerda y recita:

Con el nudo de cinco, el hechizo está vivo,
confiando en mí, la magia empieza aquí.

Sostén la cuerda de hechizo completada con ambas manos, cierra los ojos, visualiza una luz brillante que la rodea y afirma tu intención en voz alta con este encantamiento:

Mi intuición, precisa y fuerte,
guía mi camino, nunca ausente.
En su sabiduría confío y me apoyo,
revelando verdades aún sin rostro.

Acerca el pergamino enrollado a la parte inferior de la cuerda. Decora la cuerda con cualquier otro objeto que desees incluir para personalizarla, atándolos con las cintas. Cuando termines, cuélgala en un lugar que te parezca adecuado. Puedes tocarla cuando necesites un impulso de intuición o antes de hacer una lectura de tarot para aprovechar su energía.

Una vez que hayas construido tu cuerda de hechizo con tarot, es recomendable mantener vivas su energía y potencia a través del mantenimiento mágico. Con una limpieza y recarga regular, podrás reponer la energía de la cuerda para que siga siendo una herramienta vibrante en tu práctica. Esto puede lograrse mediante la exposición a la luz de la Luna, la limpieza con incienso o colocándola en una rejilla de cristales de selenita. También puedes fortalecer tus intenciones o reforzar el vínculo con el talismán al reconectarte con tu cuerda de hechizo mediante meditaciones o rituales personales. A medida que tus intenciones se realicen o evolucionen, considera agregarle nuevos elementos o reforzar su energía, asegurando que se mantenga alineada con tu camino espiritual.

L	M	X	J
			1 Día de Año Nuevo. Finaliza Kwanzaa.
5	6	7	8
12	13	14	15
19	20 El Sol entra en Acuario.	21 Comienza el mes arbóreo celta del serbal.	22
☽	27	28	29
2	3	4	5

V	S	D	Notas
2	○	4	
	Luna Fría		
9	☽	11	
16	17	●	
23	24	25	
30	31	1	
6	7	8	

Diciembre/Enero

29 Lunes

2.ª ♈
☽ entra en ♉ 12,57
Color: blanco

30 Martes

2.ª ♉
Color: rojo

31 Miércoles

2.ª ♉
☽ v/c 13:25
☽ entra en ♊ 14:13
Color: amarillo

Nochevieja

1 Jueves

2.ª ♊
☿ entra en ♑ 22:11
Color: verde

Año Nuevo.
Finaliza Kwanza.

2 Viernes

2.ª ♊
☽ v/c 13:24
☽ entra en ♋ 14:09
⚷ D 15:38
Color: rosa

Hora legal en España

Luna llena: Cáncer, Luna, Agua

La Luna llena en Cáncer es un momento excelente para la purificación mágica.

Uno de los métodos utilizados en los Ozarks consiste en lo siguiente: toma un trozo de hilo o cuerda común (blanco o rojo) y mide su longitud desde la parte superior de la cabeza hasta los pies. Luego, corta la cuerda a esta medida. A continuación, ata los dos extremos para formar un aro. Pasa el aro sobre tu cuerpo, comenzando por la cabeza y saliendo del bucle una vez que llegue a tus pies. Repite este proceso tres veces. Luego, haz tres nudos en la cuerda para que ya no pueda extenderse en forma de aro.

Lleva la cuerda y un par de tijeras a un cuerpo de agua en movimiento. Corta la cuerda en pequeños trozos y tíralos al agua corriente. A medida que la cuerda sea arrastrada por el agua, también lo será todo aquello que ha sido purificado y liberado de ti.

—Brandon Weston

○ Sábado

2.ª ♋
Luna llena 11:03
Color: azul

Luna Fría

---

4 Domingo

3.ª ♋
☽ v/c 13:59
☽ entra en ♌ 14:44
Color: amarillo

---

5 Lunes

3.ª ♌
Color: gris

6 Martes

3.ª ♌
☽ v/c 14:05
☽ entra en ♍ 17:57
Color: blanco

Puedes aplicar símbolos protectores en la funda de tu teléfono o laptop, en lugar de hacerlo directamente sobre el dispositivo.

7 Miércoles

3.ª ♍
Color: marrón

8 Jueves

3.ª ♍
Color: púrpura

9 Viernes

3.ª ♎
☽ v/c 00:23
☽ entra en ♎ 01:06
Color: rosa

El color rosa fomenta la amabilidad y la compasión.

Hora legal en España

☾ Sábado

3.ª ♎

Cuarto menguante 16:48

☽ v/c 18:54

Color: negro

En un altar tecnomágico, puedes utilizar
una placa base a modo de pentáculo.

---

11 Domingo

4.ª ♎

☽ entra en ♏ 11:55

Color: oro

Enero

---

12 Lunes

4.ª ♏

Color: blanco

Para la apertura y la receptividad,
busca la flor azul de fiesta.

---

13 Martes

4.ª ♏

☽ v/c 23:59

Color: rojo

---

14 Miércoles

4.ª ♐

☽ entra en ♐ 00:34

Color: blanco

El lobo simboliza la familia y la cooperación.

---

15 Jueves

4.ª ♐

Color: carmesí

---

16 Viernes

4.ª ♐

☽ v/c 12:19

☽ entra en ♑ 12:47

Color: coral

Hora legal en España

Salteado de verduras oscuras con sésamo

¼ de col morada
½ cebolla roja
2 dientes de ajo
4 cucharadas de aceite de oliva
2–4 tazas de kale (col rizada)
2–4 tazas de espinacas frescas
1 cucharada de maicena
1 taza de agua
1 cucharada de salsa de soja
½ cucharadita de aceite de sésamo tostado
1 cucharadita de azúcar
¼ de cucharadita de sal
¼ de cucharadita de ajo en polvo
1 cucharada de semillas de sésamo

Corta la col morada y la cebolla en tiras finas y pica el ajo. Calienta el aceite de oliva a fuego alto en una sartén grande o en un wok. Agrega la col, la cebolla y el ajo, removiendo rápidamente. Corta la kale y las espinacas en trozos más pequeños y agrégalas a la sartén, visualizando las hojas verdes como si fueran fajos de dinero en tus manos. En otra sartén, bate la maicena con el agua y añade la salsa de soja, el aceite de sésamo, el azúcar, la sal y el ajo en polvo. Cocina a fuego medio-bajo hasta que espese, removiendo en forma de pentagrama. Vierte la salsa sobre las verduras y espolvorea con semillas de sésamo. Obtendrás 4 raciones. Acompaña con arroz para invitar a la prosperidad.

—Melanie Marquis

17 Sábado

4.ª ♑
♀ entra en ♒ 13:43
Color: añil

*Un tendedero de ropa es ideal para
secar ramos de hierbas en la cocina.*

● Domingo

4.ª ♑
Luna nueva 20:52
☽ v/c 22:57
☽ entra en ♒ 23:18
Color: ámbar

---

19 Lunes

1.ª ♒︎
Color: plata

---

20 Martes

1.ª ♒︎
☉ entra en ♒︎ 02:45
☿ entra en ♒︎ 17:41
Color: gris

El Sol entra en Acuario.

---

21 Miércoles

1.ª ♒︎
☽ v/c 03:16
☽ entra en ♓︎ 07:50
Color: topacio

Comienza el mes arbóreo celta
del árbol del serbal.

---

22 Jueves

1.ª ♓︎
Color: turquesa

---

23 Viernes

1.ª ♓︎
♂ entra en ♒︎ 10:17
☽ v/c 14:17
☽ entra en ♈︎ 14:26
Color: púrpura

Ojo de tritón

Ojo de tritón, dedo de rana y lana de murciélago son sólo algunos de los macabros ingredientes que las hermanas extrañas mezclaban en su caldero en el *Macbeth* de Shakespeare. Algunos podrían considerar el contenido del caldero bastante impactante, pero en realidad estos eran términos antiguos para plantas comunes. Un «ojo» solía referirse a una semilla, y el ojo de tritón no es más que semilla de mostaza (*Brassica nigra*). Desde la antigüedad, la semilla de mostaza molida se ha utilizado

para dar sabor a los alimentos, aumentar el flujo sanguíneo y tratar resfriados y gripes. Mágicamente, la semilla de mostaza se usa para amplificar el coraje, atraer la buena suerte y brindar protección.

Prueba este hechizo para aumentar tu suerte. Necesitarás: una moneda, una maceta de 15 cm (pintada de verde), tierra de buena calidad y 3 semillas de mostaza. Coloca la moneda en el fondo de la maceta y llénala con tierra, planta las semillas de mostaza a unos 0,6 cm de profundidad y mientras lo haces, di en voz alta:

Al plantar estas semillas, una, dos, tres, suerte sé mía, que así sea.

Riega las semillas y observa cómo crece tu suerte.

—Monica Crosson

---

24 Sábado

1.ª ♈
☽ v/c 22:36
Color: marrón

---

25 Domingo

1.ª ♈
☽ entra en ♉ 19:05
Color: naranja

*El macramé, el tejido de punto y el croché
son formas de magia de nudos.*

Enero/Febrero

☽ Lunes

2.ª ♉
Cuarto creciente 05:47
♆ entra en ♈ 18:37
Color: marfil

Un espíritu de entropía, el buitre descompone lo
muerto para dar paso a una nueva vida.

27 Martes

2.ª ♉
☽ v/c 18:58
☽ entra en ♊ 21:55
Color: escarlata

28 Miércoles

2.ª ♊
Color: amarillo

29 Jueves

2.ª ♊
☽ v/c 20:57
☽ entra en ♋ 23:32
Color: púrpura

Símbolos de perfección,
los pinos se alzan altos.

30 Viernes

2.ª ♋
Color: blanco

Hora legal en España

Luna llena: Sol, Leo, Fuego

Aprovechando el poder de la Luna llena en Leo a través de la magia de nudos, puedes llevar esta luz iluminadora adondequiera que vayas.

Corta 60 cm de hilo común para el hogar (blanco) o cualquier hilo o cuerda blanca. Llévalo afuera bajo la Luna llena. Comienza un nudo en el extremo izquierdo de la cuerda, pero no lo cierres aún. Sostenlo frente a la Luna de manera que puedas verla a través del nudo. Tira de él para cerrarlo mientras miras la Luna llena. Si está nublado y no puedes ver la Luna por completo, intenta al menos encontrar dónde brilla la luz detrás de las nubes y úsala. Continúa haciendo seis nudos más en la cuerda (siete nudos en total) de izquierda a derecha, utilizando el mismo método. Cuando termines, sahúma la cuerda con incienso.

Átala y llévala en la muñeca derecha o como un collar. Este amuleto de cuerda es ideal para inspirar proyectos creativos y artísticos, especialmente en momentos de bloqueos o estancamiento. Recarga tu amuleto en cada Luna llena pasándolo por el humo del incienso.

—Brandon Weston

---

31 Sábado

2.ª ♋

☽ v/c 22:52

Color: negro

Para destierros, puedes verter agua u otros líquidos por el fregadero de la cocina.

◯ Domingo

2.ª ♌

☽ entra en ♌ 01:09

Luna llena 23:09

Color: oro

Luna Avivadora

Febrero 2026

L	M	X	J
2 Imbolc	3	4	5
☾	10	11	12
16	●	18	19
	Año Nuevo chino (caballo). Comienza el Ramadán al atardecer. Martes de carnaval. Eclipse solar.	Miércoles de Ceniza. El Sol entra en Piscis. Comienza el mes arbóreo celta del fresno.	
23	☽	25	26
			Mercurio retrógrado
2	3	4	5

V	S	D	**Notas**
		○ Luna Avivadora	....
6	7	8	....
13	14 Día de San Valentín	15	....
20	21	22	....
27	28	1	....
6	7	8	....

Febrero

2 Lunes

3.ª ♌

☽ v/c 23:55

Color: lavanda

Imbolc

3 Martes

3.ª ♍

☽ entra en ♍ 04:21

Color: granate

Imbolc, día de cruce estacional.
(El Sol alcanza 15° Acuario).

4 Miércoles

3.ª ♍

♅ D 03:33

Color: marrón

5 Jueves

3.ª ♍

☽ v/c 08:49

☽ entra en ♎ 10:33

Color: blanco

6 Viernes

3.ª ♎

☿ entra en ♓ 23:48

Color: rosa

El eneldo está regido por Mercurio y el fuego;
usa sus semillas en amuletos de protección para
habitaciones infantiles.

  Hora legal en España

Imbolc: la vaca sagrada

Algunas fuentes dicen que la palabra *Imbolc* o *Imbolg* puede traducirse como «en el vientre», haciendo referencia al embarazo del ganado y, por lo tanto, a la producción de leche. Otros sugieren que se refiere específicamente a la leche de oveja. Sea cual sea el origen del nombre, el vínculo entre este *sabbat* y el ganado productor de leche es innegable, por lo que tiene sentido explorar el folclore y la mitología de la humilde vaca.

La vaca es uno de los primeros animales que fueron domesticados y, como tal, juega un papel importante en nuestra historia y supervivencia. No es de extrañar, entonces, que la vaca sea considerada sagrada en muchas religiones, incluidas el hinduismo y el budismo. Más aún, la Vía Láctea puede interpretarse como la leche de la vaca celestial después de dar a luz a la galaxia.

Las divinidades egipcias son algunas de las más conocidas, en gran parte debido a sus representaciones con cabezas o partes de animales. Hathor, la diosa del amor, la alegría y la ternura, era representada como una vaca. En otras tradiciones, como la irlandesa, las vacas están asociadas con la magia, incluyendo a la Glas Gaibhnenn, una vaca mística capaz de producir enormes cantidades de leche. Así que, en este Imbolc, disfruta un vaso de leche y brinda por la vaca sagrada.

—Emma Kathryn

---

7 Sábado

3.ª ♎︎
☽ v/c 12:59
☽ entra en ♏︎ 20:13
Color: gris

---

8 Domingo

3.ª ♏︎
Color: naranja

Febrero

☾ Lunes

3.ª ♏

Cuarto menguante 13:43

Color: plata

10 Martes

4.ª ♏

☽ v/c 08:01

☽ entra en ♐ 08:22

♀ entra en ♓ 11:19

Color: negro

La petalita está asociada con energías angélicas y celestiales.

11 Miércoles

4.ª ♐

Color: amarillo

12 Jueves

4.ª ♐

☽ v/c 20:29

☽ entra en ♑ 20:44

Color: turquesa

La salvia de abeja es una planta pura y sagrada, utilizada en varitas de humo para limpieza y para atraer abejas nativas.

13 Viernes

4.ª ♑

Color: rosa

Hora legal en España

14 Sábado

4.ª ♑

♄ entra en ♈ 01:11

Color: añil

Día de San Valentín

15 Domingo

4.ª ♑

☽ v/c 02:31

☽ entra en ♒ 07:17

Color: amarillo

Febrero

16 Lunes

4.ª ♒
Color: marfil

● Martes

4.ª ♒
☽ v/c 13:01
Luna nueva 13:01
☽ entra en ♓ 15:09
Color: escarlata

Año Nuevo chino (caballo).
Comienza el Ramadán al anochecer.
Martes de Carnaval.
Eclipse solar, 28° ♒ 50'.

18 Miércoles

1.ª ♓
☉ entra en ♓ 16:52
Color: blanco

Miércoles de Ceniza.
El Sol entra en Piscis.
Comienza el mes arbóreo celta del fresno.

19 Jueves

1.ª ♓
☽ v/c 16:23
☽ entra en ♈ 20:39
Color: verde

20 Viernes

1.ª ♈
Color: púrpura

Hora legal en España

Patatas rellenas

2 patatas grandes
8 champiñones blancos
½ cebolla amarilla
2 dientes de ajo
2 puñados de espinacas frescas
⅛ de cucharadita de sal
⅛ de cucharadita de pimienta
½ taza de crema agria
½ taza de queso chédar rallado

Come estas patatas para fortalecer tus defensas. Hornéalas a 175°C (350°F) durante 45-60 minutos hasta que estén tiernas. Corta los champiñones en cuartos, pica la cebolla y machaca el ajo, visualizando cómo el aroma aleja cualquier energía negativa. Imagínate con fuerza sobrehumana mientras desgarras las espinacas en trozos más pequeños. Sofríe las verduras en 1-2 cucharadas de mantequilla o aceite de oliva a fuego medio hasta que estén tiernas. Piensa en cómo las cualidades protectoras de los vegetales se intensifican mientras se cocinan. Corta las patatas por la mitad y a lo largo. Extrae unas cucharadas del centro de cada patata y mézclalas con las verduras, la sal, la pimienta y la crema agria. Rellena cada mitad de patata con la mezcla y cubre con queso. Gratina bajo el grill hasta que el queso se derrita. Obtendrás 4 raciones. Mientras comes, imagina un escudo protector rodeándote.

—Melanie Marquis

---

21 Sábado

1.ª ♈
☽ v/c 12:11
Color: negro

---

22 Domingo

1.ª ♉
☽ entra en ♉ 00:31
Color: oro

Para encontrar comunidad y orden,
busca a la hormiga.

23 Lunes
1.ª ♉
☽ v/c 23:29
Color: gris

☽ Martes
1.ª ♊
☽ entra en ♊ 03:29
Cuarto creciente 13:28
Color: blanco

El áloe está regido por la Luna y el agua;
transmite sanación.

25 Miércoles
2.ª ♊
Color: topacio

26 Jueves
2.ª ♊
☽ v/c 00:00
☽ entra en ♋ 06:11
☿ ℞ 07:48
Color: carmesí

Mercurio retrógrado hasta el 20 de marzo

27 Viernes
2.ª ♋
Color: coral

Hora legal en España

Las cerezas del diablo

Si te atreves a recoger el oscuro y dulce fruto conocido como las cerezas del diablo, seguramente te encontrarás cara a cara con el viejo Scratch. Este consejo se les daba a los niños para alejarlos del extremadamente tóxico fruto de la belladona (*Atropa belladonna*), cuyas bayas negras y redondas parecen deliciosas a simple vista. Utilizada tanto para sanar como para envenenar, los alcaloides de la belladona siguen empleándose en algunos medicamentos hoy en día.

Ingrediente en las antiguas recetas del ungüento de vuelo de las brujas, la belladona está profundamente arraigada en el folclore de la brujería. Sin embargo, debido a su toxicidad, es más seguro trabajar sólo con el «espíritu» de la planta o utilizar un sustituto más seguro, como el tabaco, la artemisa o las flores de berenjena. Se usa en magia para obtener visiones, viajar astralmente y conectar con la diosa oscura.

Para la bruja que tiene niños, mascotas o poca experiencia con plantas venenosas, trabajar con el espíritu de la planta es una alternativa más segura. Conéctate con las deidades y otras correspondencias asociadas con la planta elegida. Coloca estas representaciones, junto con una ilustración de la planta, en tu altar y deja que la magia te guíe.

—Monica Crosson

---

28 Sábado

2.ª ♋
☽ v/c 05:21
☽ entra en ♌ 09:17
Color: azul

El azul fomenta la lealtad y la confianza.

---

1 Domingo

2.ª ♌
Color: ámbar

Marzo 2026

L	M	X	J
2 Comienza Purim al anochecer.	○ Luna de Tormenta. Eclipse lunar.	4	5
9	10	☾	12
16	17	18 Comienza el mes arbóreo celta del aliso.	● Comienza el Eid al-Fitr al anochecer (finaliza el Ramadán).
23	24	☽	26
30	31	1	2

V	S	D	Notas
		1	....
			....
			....
6	**7**	**8**	....
			....
			....
13	**14**	**15**	....
			....
			....
20 Ostara / Equinoccio de primavera. Día Internacional de la Astrología. El Sol entra en Aries. Mercurio directo.	**21**	**22**	....
			....
			....
27	**28**	**29** A las 02:00 comienza el horario de verano en España. Domingo de Ramos.	....
			....
3	**4**	**5**	....
			....

2 Lunes

2.ª ♌

☽ v/c 13:27

☽ entra en ♍ 13:34

♂ entra en ♓ 15:16

Color: lavanda

Comienza Purim al anochecer.

◯ Martes

2.ª ♍

Luna llena 12:38

Color: rojo

Luna de Tormenta.
Eclipse lunar, 12° ♍ 54'.

4 Miércoles

3.ª ♍

☽ v/c 15:53

☽ entra en ♎ 19:56

Color: blanco

5 Jueves

3.ª ♎

Color: púrpura

6 Viernes

3.ª ♎

☽ v/c 00:22

♀ entra en ♈ 11:46

Color: rosa

Hora legal en España

Luna llena: Virgo, Mercurio, Tierra

Ritual tradicional de atadura de los Ozarks para la sanación en la Luna en Virgo: corta un trozo de hilo o estambre blanco que mida desde la parte superior de tu cabeza hasta la planta de tus pies. Luego, añade la distancia desde la punta del dedo medio de tu mano derecha hasta la punta del dedo medio de tu mano izquierda, como si estuvieras de pie con los brazos extendidos en forma de cruz.

Lleva este hilo afuera, hasta un árbol fuerte y vivo, preferiblemente un roble. El siguiente paso es más fácil con ayuda de un compañero, pero no es imprescindible. Colócate de espaldas al árbol y pide a tu ayudante que enrolle el hilo alrededor de tu pecho y del tronco del árbol. Asegúrate de que no esté demasiado apretado. Cuando todo el hilo haya sido utilizado, deslízate lentamente y sal de la atadura, asegurándote de que el hilo permanezca envuelto alrededor del tronco. Una vez que estés libre, toma ambos extremos del hilo y átalo con tres nudos. Regresa a casa sin mirar atrás. Todo aquello que desees purificar o sanar quedará sellado en el árbol hasta que el hilo se rompa.

—Brandon Weston

---

7 Sábado

3.ª ♏
☽ entra en ♏ 05:01
Color: azul

Para la reconciliación, reuníos bajo un avellano.

---

8 Domingo

3.ª ♏
Color: oro

Marzo

---

9 Lunes

3.ª ♏

☽ v/c 13:28

☽ entra en ♐ 17:37

Color: blanco

---

10 Martes

3.ª ♐

Color: gris

El arrendajo azul fomenta la alegría y la fantasía.

☾ Miércoles

3.ª ♐

♃ D 05:30

☽ v/c 11:38

Cuarto menguante 11:38

Color: marrón

*Colecciona platos estacionales para el altar
con flores primaverales, soles de verano,
hojas otoñales y árboles invernales perennes.*

---

12 Jueves

4.ª ♐

☽ entra en ♑ 06:07

Color: verde

---

13 Viernes

4.ª ♑

Color: coral

---

14 Sábado

4.ª ♑
☽ v/c 13:33
☽ entra en ♒ 17:13
Color: añil

Para energía en espiral, prueba a hilar lana
o algodón a mano con un huso de gota.

---

15 Domingo

4.ª ♒
Color: naranja

Marzo

16 Lunes

4.ª ♒
☽ v/c 21:57
Color: gris

17 Martes

☽ entra en ♓ 01:16
4.ª ♓
Color: escarlata

18 Miércoles

4.ª ♓
Color: amarillo

Comienza el mes arbóreo celta del aliso

● Jueves

1.ª ♓
☽ v/c 03:23
Luna nueva 03:23
☽ entra en ♈ 06:03
Color: turquesa

Comienza el Eid al-Fitr al anochecer
(finaliza el Ramadán).

20 Viernes

1.ª ♈
☽ v/c 11:23
☉ entra en ♈ 16:46
☿ D 21:33
Color: púrpura

Ostara / Equinoccio de primavera.
Día Internacional de la Astrología.
El Sol entra en Aries.
Mercurio directo.

 Hora legal en España

Ostara: folclore del pollo

La conexión entre Ostara y el pollo es bastante obvia, ya que el huevo es un símbolo claro de la estación. Es el momento perfecto para explorar un poco el folclore relacionado con esta humilde ave.

Las gallinas están asociadas con la fertilidad y la nueva vida, lo cual tiene sentido si consideramos la simbología del huevo. También representan la vida doméstica y la abundancia, pues proporcionan alimento tanto en forma de huevos como de carne.

El macho de la especie, el gallo, también tiene su propia colección de historias. Los gallos negros están vinculados a Maman Brigitte, una poderosa *lwa* en el vudú, así como al Obeah y, en términos generales, a la magia negra. En algunas versiones de la historia de Baba Yaga, su cabaña camina sobre enormes patas de pollo. También hay connotaciones negativas en fuentes bíblicas, ya que se predijo que Pedro traicionaría a Jesús tres veces antes de que el gallo cantara.

No todo es negativo, pues el gallo también está asociado con la luz, el Sol y la mañana, ya que es él quien da la bienvenida al amanecer. Según el folclore samoano, el pollo tiene orígenes divinos y fue traído a la Tierra por los dioses.

—Emma Kathryn

---

21 Sábado

1.ª ♈
☽ entra en ♉ 08:35
Color: negro

Para el coraje y la motivación,
elige incienso de bergamota.

---

22 Domingo

1.ª ♉
Color: amarillo

Marzo

23 Lunes

1.ª ♉
☽ v/c 07:40
☽ entra en ♊ 10:19
Color: plata

Un tecnomago puede usar un control remoto o
una multiherramienta como varita mágica.

24 Martes

1.ª ♊
Color: rojo

Con su fuerza, el cedro ahuyenta
plagas no deseadas.

☽ Miércoles

1.ª ♊
☽ v/c 00:37
☽ entra en ♋ 12:33
Cuarto creciente 21:18
Color: topacio

26 Jueves

2.ª ♋
Color: blanco

27 Viernes

2.ª ♋
☽ v/c 13:40
☽ entra en ♌ 16:10
Color: rosa

Hora legal en España

Tofu crujiente en salsa de romero y limón

1 bloque de tofu extra firme
1 huevo
⅛ de cucharadita de sal
½ taza de leche
1 taza de pan rallado panko
Jugo y ralladura de 1 limón
2 cucharadas de mantequilla
1 cucharada de romero fresco
1 taza de crema espesa
½ taza de queso parmesano
1 cucharada de aceite

Come este platillo para sentirte renovado y lleno de energía. Presiona suavemente el tofu para extraer el líquido y córtalo en rebanadas de aproximadamente 1 cm de grosor. En un tazón, bate el huevo con la sal y la leche. En un plato aparte, vierte el pan panko. Pasa cada rebanada de tofu primero por la mezcla de huevo y luego por el panko, asegurándote de cubrir bien todos los lados. Coloca las rebanadas en una bandeja para hornear engrasada y hornea a 175 °C durante 40-45 minutos, volteando a la mitad del tiempo, hasta que estén doradas y crujientes. Para la salsa, derrite la mantequilla a fuego medio y agrega el romero mientras visualizas el crecimiento rápido de las plantas. Añade la crema espesa y el queso parmesano, removiendo lentamente hasta que el queso se derrita. Retira del fuego y deja enfriar un poco antes de añadir el jugo y la ralladura de limón, imaginando cómo la energía fluye en tu interior. Vierte la salsa sobre el tofu y disfruta. Obtendrás 4 raciones.

—Melanie Marquis

28 Sábado

2.ª ♌
Color: gris

El caballo representa la libertad y el poder.

29 Domingo

2.ª ♌
☽ v/c 18:28
☽ entra en ♍ 20:33
Color: ámbar

Domingo de Ramos.
A las 02:00 comienza el horario de verano en España.

Abril 2026

L	M	X	J
		1	○
		Comienza Pésaj al atardecer.	Luna de Viento
6	7	8	9
			Finaliza Pésaj.
13	14	15	16
		Comienza el mes arbóreo celta del sauce.	
20	21	22	23
El Sol entra en Tauro.		Día de la Tierra	
27	28	29	30
4	5	6	7

V	S	D	Notas
3 Viernes Santo	**4**	**5** Pascua	
☾ Viernes Santo ortodoxo	**11**	**12** Pascua ortodoxa	
●	**18**	**19**	
☽	**25**	**26**	
1	2	3	
8	9	10	

30 Lunes

2.ª ♍

♀ entra en ♉ 17:01

Color: lavanda

El elecampane está regido por Mercurio y el elemento tierra;
ayuda en la meditación y la invocación de espíritus.

31 Martes

2.ª ♍

Color: negro

1 Miércoles

2.ª ♎

☽ v/c 01:31

☽ entra en ♎ 03:51

Color: blanco

Comienza Pésaj al atardecer.

◯ Jueves

3.ª ♎

Luna llena 03:12

☽ v/c 09:55

Color: púrpura

Luna de Viento

3 Viernes

3.ª ♎

☽ entra en ♏ 13:11

Color: coral

Viernes Santo

   Horario de verano en España

Luna llena: Libra, Venus, Aire

Usa el poder de la balanza de Libra en esta Luna llena para equilibrar relaciones turbulentas, especialmente con jefes difíciles, tribunales y matrimonios inestables.

Mide un hilo verde desde la parte superior de tu cabeza hasta la punta de tus pies, y luego desde la punta del dedo medio de tu mano izquierda hasta la punta del dedo medio de tu mano derecha. Corta el hilo. Éste representa la cruz de tu cuerpo.

Bajo la Luna llena, ahúma el hilo con incienso hecho de flores de milenrama, pétalos de rosa blanca y flores de jazmín. Úntalo con aceite esencial de rosa o violeta (o perfume), primero en este momento y luego en cada Luna llena posterior para mantener el amuleto cargado. Lleva el hilo enrollado en una pequeña bolsa de tela donde nadie pueda verlo.

—Brandon Weston

---

4 Sábado

3.ª ♏

Color: marrón

La ágata de fuego mexicana crea un escudo psíquico alrededor del cuerpo de quien la lleva.

---

5 Domingo

3.ª ♏

☽ v/c 22:29

Color: naranja

Pascua

Abril

6 Lunes

3.ª ♐
☽ entra en ♐ 00:32
Color: plata

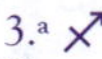

7 Martes

3.ª ♐
Color: granate

El enebro está regido por el Sol y el fuego;
puede romper maldiciones.

8 Miércoles

3.ª ♐
☽ v/c 10:52
☽ entra en ♑ 13:04
Color: topacio

9 Jueves

3.ª ♑
♂ entra en ♈ 20:36
Color: carmesí

Finaliza Pésaj.

☾ Viernes

3.ª ♑
Cuarto menguante 05:52
☽ v/c 23:24
Color: púrpura

Viernes Santo ortodoxo

Galletas de azúcar y canela glaseadas

2 tazas de harina
⅛ de cucharadita de sal
2 cucharaditas de polvo de hornear
⅓ de taza de azúcar
1 huevo
1 cucharadita de extracto de vainilla
Jugo y ralladura de 1 naranja
1 cucharada de canela
1 taza de mantequilla, suavizada
1 taza de azúcar glas
½ bloque de queso crema (115g), suavizado
1 cucharada de leche

Mezcla la harina, la sal y el polvo de hornear
en un tazón grande. En otro tazón, mezcla el azúcar, el huevo, el extracto de vainilla, el jugo y la ralladura de naranja, la canela y la mantequilla suavizada mientras
visualizas las energías que deseas atraer. Incorpora los ingredientes secos hasta
formar una masa suave. Forma bolitas del tamaño de una cucharada y colócalas
en una bandeja engrasada, aplanándolas ligeramente. Hornea a 175 °C durante
15-20 minutos, hasta que la parte superior esté cocida. Para el glaseado, mezcla
el azúcar glas, la leche y el queso crema. Coloca una cucharada sobre cada galleta.
Obtendrás 2 docenas. Consume estas galletas para atraer dulzura a tu vida, ya sea
en forma de buena suerte, alegría, prosperidad, amor o pasión e imagina cómo
llegan a ti mientras las comes.

—Melanie Marquis

---

11 Sábado

4.ª ≈
☽ entra en ≈ 00:55
Color: azul

---

12 Domingo

4.ª ≈
Color: amarillo

Pascua ortodoxa

13 Lunes

4.ª ♒︎
☽ v/c 08:42
☽ entra en ♓︎ 09:55
Color: gris

*La hematita te muestra cómo superar errores
y aprender de ellos.*

14 Martes

4.ª ♓︎
Color: escarlata

15 Miércoles

4.ª ♓︎
☿ entra en ♈︎ 04:21
☽ v/c 14:07
☽ entra en ♈︎ 15:04
Color: marrón

Comienza el mes arbóreo celta del sauce.

16 Jueves

4.ª ♈︎
Color: turquesa

La turquesa estabiliza la calma y la claridad.

●  Viernes

4.ª ♈︎
☽ v/c 12:52
Luna nueva 12:52
☽ entra en ♉︎ 16:58
Color: rosa

---

18 Sábado

1.ª ♉
Color: añil

---

19 Domingo

1.ª ♉
☽ v/c 16:45
☽ entra en ♊ 17:18
Color: oro

Abril

20 Lunes

1.ª ♊
☉ entra en ♉ 02:39
☽ v/c 06:17
Color: blanco

El Sol entra en Tauro.

21 Martes

1.ª ♊
☽ entra en ♋ 18:00
Color: negro

La urraca, una embaucadora consumada,
simboliza la ilusión y el ingenio.

22 Miércoles

1.ª ♋
Color: amarillo

Día de la Tierra

23 Jueves

1.ª ♋
☽ v/c 20:28
☽ entra en ♌ 20:41
Color: púrpura

☽ Viernes

2.ª ♌
Cuarto creciente 03:32
♀ entra en ♊ 05:03
☽ v/c 23:21
Color: coral

La tecnomagia generalmente
está relacionada con el elemento espíritu.

Horario de verano en España

Beltane: el folclore del caballo

La primavera da paso al verano con Beltane, y aunque las liebres y los conejos son quizás los animales más conocidos de la estación, el caballo también anuncia el *sabbat* de fertilidad y poder.

En la tradición celta, Epona es la diosa asociada con los caballos, en especial los caballos blancos. En la mitología irlandesa, Enbarr es un caballo blanco, posiblemente propiedad de la reina de Tír na nÓg.

En las historias nórdicas, Loki se transformó en una yegua para ayudar a los dioses a ganar una apuesta y salvar a la hermosa Freya de casarse con un gigante. Los dioses necesitaban construir un enorme muro, y el gigante apostó que podía lograrlo en pocos días. Cuando parecía que los dioses perderían, Loki se convirtió en una yegua y, atrajo al caballo y lo condujo lejos, impidiendo que moviera suficientes rocas para terminar la construcción.

En Inglaterra, el Primero de Mayo y Beltane están asociados con los caballos, esta vez en la forma del caballo de palo. En algunos pueblos y aldeas, personas disfrazadas de caballos recorren las calles en homenaje a los antiguos rituales de fertilidad de la estación.

—Emma Kathryn

---

25 Sábado

2.ª ♌
Color: gris

*La quema de resina de mirra
induce a la sanación y a la espiritualidad.*

---

26 Domingo

2.ª ♍
♅ entra en ♊ 01:50
☽ entra en ♍ 02:04
Color: amarillo

Mayo 2026

L	M	X	J
4	5	6	7
11	12	13	14
		Comienza el mes arbóreo celta del espino.	
18	19	20	21
			Comienza Shavuot al atardecer. El Sol entra en Géminis.
25	26	27	28
1	2	3	4

V	S	D	**Notas**
○	2	3	
Luna de las Flores. Beltane / Primero de Mayo.			
8	☾	10	
15	●	17	
22	☽	24	
29	30	○	
		Luna Azul	
5	6	7	

27 Lunes

2.ª ♍
☽ v/c 12:12
Color: marfil

28 Martes

2.ª ♍
☽ entra en ♎ 10:03
Color: gris

*Para aumentar la paciencia, resistencia
y longevidad, conéctate con la tortuga.*

29 Miércoles

2.ª ♎
Color: topacio

30 Jueves

2.ª ♎
☽ v/c 09:52
☽ entra en ♏ 20:02
Color: verde

*El verde revitaliza
el crecimiento y la salud.*

◯ Viernes

2.ª ♏
Luna llena 18:23
Color: rosa

*Beltane / Primero de Mayo.
Luna de las Flores.*

   Horario de verano en España

Luna llena: Escorpio, Marte, Agua

Si tu enemigo ha estado actuando en tu contra, prueba este método de retribución mágica de cuerda de los Ozarks.

Escribe el nombre completo de tu enemigo (NOMBRE, SEGUNDO NOMBRE, APELLIDO) y su fecha de nacimiento en un pequeño trozo de papel rojo. También puedes usar su fotografía, pero si lo haces, escribe la información anterior en la parte posterior. Corta un trozo de cuerda o hilo negro de un metro de largo. Enrolla el papel o la foto en un tubo apretado alrededor de un extremo de la cuerda negra, de modo que la cuerda pase a través del tubo. Sella el papel con cera de una vela negra. Toma el extremo de la cuerda que pasa por el tubo y haz un nudo con el otro extremo, formando un gran lazo.

Lleva esto a un cuerpo de agua en movimiento en la noche de la Luna llena. Busca ramas de árboles colgantes o arbustos, luego toma el lazo de la cuerda y cuélgalo de una rama de manera que el papel toque el agua, pero no sea arrastrado por la corriente. Mientras el papel permanezca en el agua, toda la magia que tu enemigo haga contra ti se desvanecerá.

—Brandon Weston

---

2 Sábado

3.ª ♏

☽ v/c 09:47

Color: negro

---

3 Domingo

3.ª ♏

☿ entra en ♉ 03:57

☽ entra en ♐ 07:33

Color: ámbar

La genciana del explorador te impulsa
a seguir tu propósito de vida.

Mayo

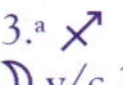

4 Lunes

3.ª ♐
☽ v/c 22:33
Color: plata

5 Martes

3.ª ♐
☽ entra en ♑ 20:06
Color: escarlata

Día de Beltane.
(El Sol alcanza 15° Tauro).

6 Miércoles

3.ª ♑
♀ ℞ 16:34
Color: marrón

7 Jueves

3.ª ♑
☽ v/c 15:18
Color: blanco

El blanco equilibra la perfección y la inocencia.

8 Viernes

3.ª ♑
☽ entra en ♒ 08:27
Color: rosa

☾ Sábado

3.ª ≋
Cuarto menguante 22:10
Color: añil

Estabiliza los cambios de humor y promueve emociones
positivas con lepidolita.

---

10 Domingo

4.ª ≋
☽ v/c 06:09
☽ entra en ♓ 18:39
Color: oro

Mayo

11 Lunes

4.ª ♓
Color: blanco

12 Martes

4.ª ♓
☽ v/c 11:04
Color: rojo

13 Miércoles

4.ª ♈
☽ entra en ♈ 01:04
Color: amarillo

14 Jueves

4.ª ♈
☽ v/c 22:33
Color: verde

15 Viernes

4.ª ♉
☽ entra en ♉ 03:31
Color: rosa

Semilla de Hermes

Cuando una hierba produce suficiente semilla como para estar asociada con un dios, tiene que ser buena. Entre ellas se encuentra el eneldo, la semilla de Hermes. Las grandes umbelas del eneldo (*Anethum graveolens*) producen la impresionante cantidad de 200 a 300 semillas por cabezuela. Esta hierba fácil de cultivar se ha utilizado durante miles de años con fines culinarios, medicinales y mágicos. También se creía que llevar eneldo encima ayudaba a atraer a un posible pretendiente.

El eneldo es la hierba perfecta para agregar a tu despensa mágica para la suerte, la abundancia, la fertilidad y el deseo. Para iniciar una noche de pasión, prueba el vodka infusionado con eneldo. Es un excelente ingrediente adicional para cócteles como martinis y *bloody marys* o para su uso en hechizos.

Para hacer un vodka infusionado con eneldo, necesitarás 1 cucharada de semillas de eneldo, 1 manojo (57 gramos) de eneldo fresco, 3 tazas de vodka y un frasco de litro limpio para guardarlo. Añade las semillas de eneldo y el eneldo fresco al frasco. Vierte el vodka sobre ellos y cierra bien la tapa. Guarda el frasco en un lugar fresco y oscuro durante 5 a 7 días y cuela antes de consumir.

—Monica Crosson

 **Sábado**

4.ª ♉
Luna nueva 21:01
Color: azul

---

17 Domingo

1.ª ♊
☽ v/c 02:02
☽ entra en ♊ 03:23
☿ entra en ♊ 11:26
☽ v/c 20:36
Color: naranja

Mayo

18 Lunes

1.ª ♊
♂ entra en ♉ 23:25
Color: marfil

19 Martes

1.ª ♋
♀ entra en ♋ 02:05
☽ entra en ♋ 02:46
Color: gris

20 Miércoles

1.ª ♋
☽ v/c 14:27
Color: blanco

21 Jueves

1.ª ♌
☉ entra en ♊ 01:37
☽ entra en ♌ 03:48
☽ v/c 23:05
Color: turquesa

El Sol entra en Géminis.
Comienza Shavuot al atardecer.

22 Viernes

1.ª ♌
Color: coral

Horario de verano en España

Pudín de chocolate y frambuesa

2 tazas de nata líquida ligera
2 cucharadas de maicena
1 taza de azúcar
½ taza de cacao en polvo
1 ½ tazas de frambuesas, frescas o congela-
  das y descongeladas

Vierte la nata líquida en una cacerola y añade la maicena, batiendo enérgicamente con un batidor de mano para eliminar cualquier grumo. Enciende el fuego a baja temperatura y, cuando la mezcla comience a soltar vapor, agrega el azúcar y el cacao en polvo. No permitas que hierva. Remueve rápida y constantemente hasta que todo esté bien mezclado. Luego, remueve lentamente durante otros 5 minutos, respirando profundamente y relajando los hombros. Apaga el fuego y deja enfriar el pudín durante aproximadamente una hora.

Espolvorea 1 taza de frambuesas sobre la mezcla, imaginando cada baya como una estrella y el pudín como el cielo nocturno. Remueve para incorporar, luego reparte el pudín en 4 pequeños tazones. Decora cada porción con un anillo de frambuesas y coloca otra en el centro, formando un ojo. Obtendrás 4 raciones.

Prepara este postre para potenciar la sensibilidad psíquica y, mientras lo saboreas, imagina cómo se abre aún más tu chakra del tercer ojo.

—Melanie Marquis

☽ Sábado
1.ª ♌
☽ entra en ♍ 07:57
Cuarto creciente 12:11
Color: marrón

---

24 Domingo
2.ª ♍
Color: amarillo

El amarillo inspira felicidad y optimismo.

Mayo

25 Lunes
2.ª ♍
☽ v/c 01:54
☽ entra en ♎ 15:34
Color: lavanda

26 Martes
2.ª ♎
Color: granate

Los olivos representan sabiduría y utilidad.

27 Miércoles
2.ª ♎
☽ v/c 12:32
Color: topacio

28 Jueves
2.ª ♏
☽ entra en ♏ 01:53
Color: carmesí

Bendice un frasco de sal marina para cocinar y hacer magia.

29 Viernes
2.ª ♏
Color: blanco

Horario de verano en España

Luna Azul: Sagitario, Fuego, Júpiter

Prueba este amuleto de nudos de Sagitario para favorecer el crecimiento en la escuela o el trabajo. Corta un trozo de hilo o lana roja de 60 cm de largo. Comienza a hacer un nudo en el extremo izquierdo del hilo, pero no lo aprietes aún. Di estas palabras:

Subida constante,
buena subida.
Arriba por la salud,
arriba por la felicidad.

Luego, sopla a través del lazo del nudo mientras lo aprietas. Repite lo mismo dos veces más, trabajando de izquierda a derecha, hasta completar tres nudos. Toma los dos extremos del hilo y átalos con un nudo mientras dices:

Que el círculo permanezca intacto, hasta que mis manos lo corten en dos.

Ahúma el hilo con un incienso de salvia seca, laurel, anís y hisopo. Aparta unas pizcas de esta mezcla. Coloca el hilo, el resto del incienso y una moneda dentro de una pequeña bolsa de tela roja. Átala y séllala con tres nudos. Úngela con aceite esencial de laurel, salvia o incienso y en cada Luna llena para recargarla. Llévala contigo, pero no dejes que nadie más la vea.

—Brandon Weston

---

30 Sábado
2.ª ♏
☽ v/c 01:05
☽ entra en ♐ 13:45
Color: azul

○ Domingo

2.ª ♐
Luna llena 09:45
☽ v/c 14:21
Color: oro

Luna Azul

Junio 2026

L	M	X	J
1	2	3	4
☾	9	10	11
		Comienza el mes arbóreo celta del roble.	
●	16	17	18
Comienza el Año Nuevo islámico al atardecer.			
22	23	24	25
29	○	1	2
Mercurio retrógrado	Luna de Sol Fuerte		
6	7	8	9

<table>
<tr><td>V</td><td>S</td><td>D</td><td></td></tr>
<tr><td>5</td><td>6</td><td>7</td><td>Notas</td></tr>
<tr><td>12</td><td>13</td><td>14</td><td></td></tr>
<tr><td>19</td><td>20</td><td>☽
Litha / Solsticio de verano.
El Sol entra en Cáncer.</td><td></td></tr>
<tr><td>26</td><td>27</td><td>28</td><td></td></tr>
<tr><td>3</td><td>4</td><td>5</td><td></td></tr>
<tr><td>10</td><td>11</td><td>12</td><td></td></tr>
</table>

Junio

1 Lunes

3.ª ♐

☿ entra en ♋ 12:56

Color: gris

2 Martes

3.ª ♑

☽ entra en ♑ 02:19

Color: rojo

El ónix aporta protección en tiempos difíciles.

3 Miércoles

3.ª ♑

Color: amarillo

4 Jueves

3.ª ♑

☽ v/c 04:04

☽ entra en ♒ 14:46

Color: púrpura

*Las flores rojas de la chuparrosa atraen
a los colibríes y excitan la energía sexual.*

5 Viernes

3.ª ♒

☽ v/c 20:51

Color: rosa

---

6 Sábado

3.ª ♒
Color: gris

Cuando busques ingenio y prudencia,
conéctate con la rata.

---

7 Domingo

3.ª ♓
☽ entra en ♓ 01:43
Color: naranja

Junio

☾ Lunes

3.ª ♓

Cuarto menguante 11:00

Color: marfil

El hisopo está regido por Júpiter y el fuego;
funciona bien para lavar los baños o fregar el suelo.

---

9 Martes

4.ª ♓

☽ v/c 01:38

☽ entra en ♈ 09:33

Color: negro

---

10 Miércoles

4.ª ♈

Color: marrón

Comienza el mes
arbóreo celta del roble.

---

11 Jueves

4.ª ♈

☽ v/c 09:22

☽ entra en ♉ 13:28

Color: turquesa

---

12 Viernes

4.ª ♉

Color: rosa

Pelo de rata

É rase una vez un flautista que guardaba en sus bolsillos el «pelo» de la valeriana y guiaba a las ratas fuera del pueblo de Hamelín, o al menos eso es lo que nos cuentan algunas versiones de la leyenda. Pero ¿a qué se refiere «pelo»? A las raíces, por supuesto. Antes de que se inventara la clasificación binominal, las plantas solían recibir nombres basados en ciertos atributos, y las raíces a veces pueden parecerse al cabello.

La valeriana (*Valeriana officinalis*) es una maravillosa aportación a cualquier jardín mágico con sus dulcemente perfumadas flores rosadas o blancas. La raíz de la planta ha sido utilizada desde la antigüedad como relajante y para promover el sueño reparador. Se puede emplear en hechizos para la curación, el amor, la purificación, la protección y el descanso.

Para mantener alejados a los visitantes no deseados, esparce raíz de valeriana seca alrededor de tu umbral mientras recitas lo siguiente:

Destierro a todos los que buscan dañarme,
obedezcan las palabras de mi hechizo.
Por esta raíz que aquí esparzo
exijo que te mantengas alejado.

—Monica Crosson

---

13 Sábado

4.ª ♉
☽ v/c 08:30
♀ entra en ♌ 11:47
☽ entra en ♊ 14:06
Color: negro

El color negro otorga protección y prestigio.

---

14 Domingo

4.ª ♊
Color: oro

Junio

● Lunes

1.ª ♊
☽ v/c 03:54
Luna nueva 03:54
☽ entra en ♋ 13:14
Color: blanco

*Puedes usar una cuchara de madera, especialmente
una hecha a mano, a modo de una varita mágica.*

---

16 Martes

1.ª ♋
Color: gris

Comienza el Año Nuevo islámico
al atardecer.

---

17 Miércoles

1.ª ♋
☽ v/c 08:41
☽ entra en ♌ 13:05
Color: topacio

---

18 Jueves

1.ª ♌
Color: verde

---

19 Viernes

1.ª ♌
☽ v/c 12:30
☽ entra en ♍ 15:37
♅ entra en ♉ 22:20
Color: coral

   Horario de verano en España

Litha: folclore de las abejas

En pleno solsticio de verano, el jardín es un lugar verdaderamente maravilloso. El aire es cálido y espeso como la miel, y el zumbido de las abejas entrando y saliendo de las flores es la banda sonora del *sabbat*. Así que siéntate un momento y aprende sobre la tradición de las abejas.

La abeja está asociada con el trabajo duro, la mente colectiva de la colmena y la búsqueda de un objetivo común, pero esta pequeña criatura mágica es mucho más que eso. En el folclore celta, la abeja era un ser mágico, como muchas criaturas aladas, capaz de atravesar la división entre nuestro mundo mundano y el reino espiritual. Como tal, podía llevar mensajes entre ambos mundos.

Según la mitología griega, Zeus otorgó a las abejas su color oro por haberlo salvado cuando era niño. También fue Zeus quien les dio su aguijón y la razón por la que, si lo usan, mueren.

En Lincolnshire, Reino Unido, no muy lejos de mi hogar, las abejas también están asociadas con la brujería. Incluso existe una historia sobre una bruja que tenía una abeja como mascota, y que ella misma podía transformarse en una.

—Emma Kathryn

20 Sábado

1.ª ♍
Color: azul

☽ Domingo

1.ª ♍
☉ entra en ♋ 09:24
☽ v/c 18:33
☽ entra en ♎ 21:55
Cuarto creciente 22:55
Color: amarillo

Litha/Solsticio de verano.
El Sol entra en Cáncer.

Junio

22 Lunes

2.ª ♎
Color: plata

La cianita nunca necesita limpieza y
ayuda a eliminar la energía negativa.

23 Martes

2.ª ♎
Color: escarlata

24 Miércoles

2.ª ♎
☽ v/c 05:11
☽ entra en ♏ 07:43
Color: blanco

25 Jueves

2.ª ♏
Color: púrpura

El púrpura ilumina la espiritualidad y el misterio.

26 Viernes

2.ª ♏
☽ v/c 18:10
☽ entra en ♐ 19:41
Color: rosa

Hora legal en España

Quesadillas diosa verde

Prepara y saborea estas quesadillas para invitar a la abundancia y al crecimiento.

2 tortillas de espinacas
½ taza de queso gouda o similar rallado
1 puñado de espinacas frescas
2 cucharadas de mantequilla
1 aguacate

Cubre la mitad superior de cada tortilla con el queso rallado y luego coloca encima las hojas de espinacas. Imagina hileras de espinacas prosperando en un campo de tierra fértil y piensa en la abundancia y el crecimiento que deseas atraer a tu vida. Dobla las tortillas por la mitad para cubrir el queso y las espinacas. Calienta la mantequilla en una sartén a fuego medio-alto y coloca las quesadillas en la sartén. Observa cómo éstas tienen la forma de la Luna. Después de un minuto aproximadamente, imagina un capullo de flor abriéndose mientras volteas las quesadillas. Cocina hasta que ambos lados estén dorados y crujientes. Corta el aguacate en rodajas finas y colócalas sobre cada quesadilla. Obtendrás 2 raciones.

Mientras las disfrutas, visualiza cómo experimentas la abundancia y el crecimiento que deseas alcanzar.

—Melanie Marquis

---

27 Sábado

2.ª ♐
Color: añil

---

28 Domingo

2.ª ♐
☽ v/c 06:05
♂ entra en ♊ 20:29
Color: oro

La impaciencia se centra en el tiempo y los ritmos diarios.

Julio 2026

L	M	X	J
		1	2
6	☾	8	9
		Comienza el mes arbóreo celta del acebo.	
13	●	15	16
20	☽	22	23
		El Sol entra en Leo.	Mercurio directo
27	28	○	30
		Luna de Bendiciones	
3	4	5	6

V	S	D	**Notas**
3	4	5	
10	11	12	
17	18	19	
24	25	26	
31	1	2	
7	8	9	

29 Lunes

2.ª ♐
☽ entra en ♑ 08:19
☿ ℞ 18:36
Color: gris

Mercurio retrógrado hasta el 23 de julio

○ Martes

3.ª ♑
Luna llena 00:57
♃ entra en ♌ 06:52
Color: rojo

Luna de Sol Fuerte

1 Miércoles

3.ª ♑
☽ v/c 12:51
☽ entra en ♒ 20:33
Color: topacio

2 Jueves

3.ª ♒
Color: turquesa

3 Viernes

3.ª ♒
☽ v/c 18:27
Color: púrpura

La artemisa está regida por Venus y el aire;
promueve habilidades psíquicas y sueños visionarios.

Luna llena: Capricornio, Saturno, Tierra

Elabora este amuleto de hilo de Ozark para bendecir un negocio o tienda. Corta un trozo de hilo verde de 90 cm de largo. Reúne siete billetes que hayan entrado en la tienda. Si no aceptas dinero en efectivo, consigue siete billetes nuevos del banco (preferiblemente de la cuenta del negocio, si tienes una). Comenzando por el lado corto, enrolla cada billete en un pequeño tubo. Ata cada tubo al hilo verde usando tres nudos por billete. Comienza en el lado izquierdo del hilo y sigue hacia la derecha, dejando unos centímetros de espacio entre cada billete.

Después de atar el séptimo billete, corta cualquier exceso de hilo en el extremo. Unge cada billete con una gota de aceite esencial de albahaca, clavo, canela o lima (o los cuatro). Cuelga este talismán en las ramas de una planta en maceta; cualquier planta servirá siempre que sea lo suficientemente grande para sostener el amuleto. Los árboles pequeños de higo, las palmas y hasta la planta del dinero son buenas opciones.

Coloca la planta cerca de la puerta principal del negocio (o en tu escritorio en casa). ¡Cuida la planta y asegúrate de que no muera! Mientras la planta viva, el talismán permanecerá cargado.

—Brandon Weston

---

4 Sábado

3.ª ♒︎
☽ entra en ♓︎ 07:30
Color: negro

---

5 Domingo

3.ª ♓︎
Color: naranja

Julio

6 Lunes

3.ª ♓
☽ v/c 06:21
☽ entra en ♈ 16:07
Color: marfil

☾ Martes

3.ª ♈
♆ ℞ 11:55
Cuarto menguante 20:29
Color: granate

Las ollas de cocción lenta ahora vienen con decoraciones mágicas como cornucopias o ramas de hoja perenne.

8 Miércoles

4.ª ♈
☽ v/c 19:42
☽ entra en ♉ 21:31
Color: amarillo

Comienza el mes arbóreo celta del acebo.

9 Jueves

4.ª ♉
♀ entra en ♍ 18:22
Color: carmesí

10 Viernes

4.ª ♉
☽ v/c 11:13
☽ entra en ♊ 23:42
Color: rosa

---

11 Sábado

4.ª ♊
☽ v/c 23:11
Color: gris

*El plástico aísla tanto de la electricidad
como de la magia.*

---

12 Domingo

4.ª ♊
☽ entra en ♋ 23:46
Color: ámbar

Julio

13 Lunes
4.ª ♋
Color: gris

La energía ígnea del incienso
de jengibre fomenta la pasión y el deseo.

 Martes
4.ª ♋
☽ v/c 10:44
Luna nueva 10:44
☽ entra en ♌ 23:35
Color: blanco

15 Miércoles
1.ª ♌
☽ v/c 23:27
Color: marrón

El marrón proporciona
estabilidad y firmeza.

16 Jueves
1.ª ♌
Color: verde

17 Viernes
1.ª ♍
☽ entra en ♍ 01:07
Color: rosa

   Horario de verano en España

Ensalada de aguacate para la pasión

Come este platillo para invitar al amor y dar la bienvenida a la pasión.

12 champiñones blancos,
   cortados en cuartos
¼ de cucharadita de sal
2 cucharaditas de romero fresco
2 aguacates
6 tomates cherry
4 cucharadas de aceite de oliva
2 cucharaditas de jugo de limón

Calienta el aceite de oliva en una sartén a fuego medio, luego agrega los champiñones, la sal y el romero. Mientras se cocinan, imagina los momentos de amor y pasión que deseas experimentar. Saltea hasta que los champiñones estén tiernos y fragantes. Retíralos de la sartén y colócalos en 2 tazones pequeños. Conserva el aceite restante y, una vez que se enfríe, mézclalo con el jugo de limón. Retira la piel y el hueso del aguacate y córtalo en trozos pequeños. Agrega el aguacate a los champiñones, rocía con el aceite de oliva y el jugo de limón, y luego coloca 3 tomates cherry en la parte superior de cada plato. Se obtienen 2 raciones.

Imagina recibir un beso amoroso y apasionado con cada bocado de tomate. Visualiza una fuerza atractiva emanando desde tu corazón mientras disfrutas de la mezcla.

—Melanie Marquis

18 Sábado

1.ª ♍
☽ v/c 23:13
Color: añil

El murciélago se relaciona con la reencarnación y la comprensión de vidas pasadas.

19 Domingo

1.ª ♍
☽ entra en ♎ 05:57
Color: amarillo

Julio

20 Lunes

1.ª ♎
Color: lavanda

El delfinio apoya el servicio alegre y el entusiasmo.

☽ Martes

1.ª ♎
☽ v/c 12:06
Cuarto creciente 12:06
☽ entra en ♏ 14:35
Color: escarlata

22 Miércoles

2.ª ♏
☉ entra en ♌ 20:13
☽ v/c 22:48
Color: topacio

El Sol entra en Leo.

23 Jueves

2.ª ♏
☿ D 23:58
Color: blanco

Mercurio directo

24 Viernes

2.ª ♐
☽ entra en ♐ 02:07
Color: coral

Horario de verano en España

Lughnasadh: los días de la canícula

Si bien Litha se lleva el reconocimiento por el día más largo y la noche más corta, la canícula no comienza hasta mucho después, extendiéndose hasta agosto. Lughnasadh y los días más calurosos están marcados por la salida de la estrella del Perro, Sirio. ¿Qué mejor momento para explorar la tradición de nuestro compañero animal más leal?

Podemos decir que el perro es el mejor amigo del hombre, pero quizás sea más apropiado decir que es el de las diosas, pues se lo asocia con varias de ellas. Hécate misma está vinculada a los perros, ya que uno de sus aspectos es el de este animal, y a menudo se la representa con cabeza de perro cuando adopta su forma triple. Los sabuesos aulladores preceden su llegada siempre que camina por el mundo en tiempos de Luna negra.

Pero la reina de las brujas no es la única diosa relacionada con los perros. Artemisa y Diana, las diosas griega y romana de la caza, suelen ser representadas con sus sabuesos cazadores.

En el folclore inglés, los perros negros suelen ser presagio de mal augurio. El ejemplo más famoso y temido es Black Shuck, un enorme sabueso monstruoso de pelaje negro y ojos llameantes, un verdadero perro demonio. ¿O no? Otros dicen que aparece como advertencia o como guardián en tiempos difíciles.

—Emma Kathryn

---

25 Sábado

2.ª ♐
☽ v/c 15:58
Color: azul

---

26 Domingo

2.ª ♐
☽ entra en ♑ 14:44
♄ ℞ 20:56
Color: ámbar

---

27 Lunes

2.ª ♑
Color: blanco

«La gran magia pide que alteres las aguas. Requiere una disrupción, algo nuevo». —Leigh Bardugo

28 Martes

2.ª ♑
☽ v/c 07:11
Color: rojo

El rojo insta a la precaución ante el peligro.

◯ Miércoles

2.ª ♒
☽ entra en ♒ 02:46
Luna llena 15:36
Color: marrón

Luna de Bendiciones

30 Jueves

3.ª ♒
☽ v/c 22:27
Color: púrpura

31 Viernes

3.ª ♒
☽ entra en ♓ 13:14
Color: rosa

Luna llena: Saturno, Acuario, Aire

Captura los poderes psíquicos de la Luna llena en Acuario usando magia de nudos de Ozark.

Comienza con un trozo de hilo o lana azul de 60 cm de largo. Llévalo afuera durante la noche, bajo la Luna llena. Para este ritual, debes poder ver la Luna. En el extremo izquierdo del hilo, comienza un nudo, pero no lo aprietes aún. Sostén el hilo de manera que puedas ver la Luna llena a través del lazo del nudo sin terminar. Mientras miras la Luna, aprieta el nudo. Continúa de izquierda a derecha con dos nudos más (para un total de tres). Cuando termines, ahúma el hilo con resina de alcanfor sobre un carbón de incienso o con artemisa seca.

Guarda este hilo debajo de tu almohada y te ayudará con sueños adivinatorios y trances. El poder del amuleto de hilo será más fuerte en los días de Luna en Acuario y en todas las Lunas llenas después de esta consagración. Recarga el amuleto con sahumerio de alcanfor o artemisa en cada Luna llena.

—Brandon Weston

---

1 Sábado

3.ª ♓
Color: gris

Lammas / Lughnasadh

---

2 Domingo

3.ª ♓
☽ v/c 13:33
☽ entra en ♈ 21:37
Color: oro

Agosto 2026

L	M	X	J
3	4	5	☾
		Comienza el mes arbóreo celta del avellano.	
10	11	●	13
		Eclipse solar	
17	18	19	☽
24	25	26	27
31	1	2	3

<table>
<tr><td>V</td><td>S</td><td>D</td><td>**Notas**</td></tr>
<tr><td></td><td>1
Lammas/Lughnasadh</td><td>2</td><td></td></tr>
<tr><td>7</td><td>8</td><td>9</td><td></td></tr>
<tr><td>14</td><td>15</td><td>16</td><td></td></tr>
<tr><td>21</td><td>22</td><td>23
El Sol entra en Virgo.</td><td></td></tr>
<tr><td>○
Luna de Maíz.
Eclipse lunar.</td><td>29</td><td>30</td><td></td></tr>
<tr><td>4</td><td>5</td><td>6</td><td></td></tr>
</table>

Agosto

3 Lunes

3.ª ♈
♅ ℞ 21:10
Color: gris

4 Martes

3.ª ♈
☽ v/c 19:52
Color: negro

Un tipo de madera fosilizada, el azabache,
te ayudará a tomar el control de tu propia vida.

5 Miércoles

3.ª ♉
☽ entra en ♉ 03:35
Color: amarillo

Comienza el mes arbóreo celta del avellano.

☾ Jueves

4.ª ♉
Cuarto menguante 03:21
♀ entra en ♎ 20:13
Color: verde

7 Viernes

4.ª ♉
☽ v/c 00:25
☽ entra en ♊ 07:08
Color: blanco

Día de cruce de Lammas
(El Sol alcanza los 15° de Leo).

Oreja de asno

Un método popular para curar una herida consistía en colocar una hoja de consuelda (*Symphytum officinale*) sobre el área afectada. Con hojas grandes, vellosas y en forma de lanza, que realmente parecen la oreja de un burro, la consuelda ha sido utilizada durante siglos en cataplasmas y ungüentos curativos.

Como la consuelda es una planta agresiva, sugiero cultivarla en macetas o en los límites de tu propiedad. Una sola planta puede ser cortada hasta la base varias veces a lo largo de la temporada de crecimiento. Usa la consuelda en magia para el amor, la curación, los viajes seguros y la fidelidad.

La consuelda produce un efecto calmante en cualquier baño de hierbas. Para prepararte antes de un trabajo de hechicería o ritual de amor, prueba esta receta de baño herbal de amor durante el solsticio de verano.

Mezcla 4 partes de consuelda seca, 2 partes de pétalos de rosa y 1 parte de lavanda, e introdúcelas en una bolsa de muselina. Déjala infusionar en la bañera mientras el agua corre.

—Monica Crossson

---

8 Sábado

4.ª ♊
Color: negro

---

9 Domingo

4.ª ♊
☽ v/c 06:27
☽ entra en ♋ 08:46
☿ entra en ♌ 17:28
Color: amarillo

Agosto

10 Lunes

4.ª ♋

☽ v/c 08:30

Color: plata

El cisne está asociado con la belleza,
la música y la poesía.

11 Martes

4.ª ♋

♂ entra en ♋ 09:30

☽ entra en ♌ 09:38

Color: granate

● Miércoles

4.ª ♌

☽ v/c 18:37

Luna nueva 18:37

Color: blanco

Eclipse solar, 20° ♌ 02'.

13 Jueves

1.ª ♌

☽ entra en ♍ 11:18

☽ v/c 20:24

Color: carmesí

Un tecnomago puede usar un llavero electrónico
moderno en lugar de una llave esquelética
tradicional para la magia de llaves.

14 Viernes

1.ª ♍

Color: rosa

Horario de verano en España

Café helado de azúcar moreno para los deseos

Prueba esta poción cafeinada para atraer la buena suerte y ayudar a que un deseo se haga realidad.

1 taza de café
3 cucharadas de nata líquida
1 cucharada de azúcar moreno
½ cucharadita de canela
3 gotas de extracto de vainilla
3 cubitos de hielo

Prepara el café, viértelo en una taza y deja que se enfríe en la encimera y luego en el refrigerador hasta que esté frío. Si lo prefieres, puedes usar café de extracción en frío o aprovechar el café sobrante de la mañana. Añade la nata líquida al café frío y remueve, luego agrega el azúcar moreno y la canela. Añade 3 gotas de extracto de vainilla, pidiendo un deseo con cada gota. Remueve en el sentido de las agujas del reloj mientras visualizas que tu deseo se hace realidad, y haz que tu expresión refleje la emoción que sentirás en el momento de alcanzar tus sueños. Añade 3 cubitos de hielo, remueve 3 veces más, luego golpea la cuchara 3 veces en el borde de la taza y di:

Mientras bebo esta infusión, ¡mi deseo se hace realidad!

—Melanie Marquis

---

15 Sábado
1.ª ♍
☽ entra en ♎ 15:20
Color: azul

---

16 Domingo
1.ª ♎
Color: naranja

Agosto

17 Lunes
1.ª ♎︎
☽ v/c 12:31
☽ entra en ♏︎ 22:46
Color: lavanda

*Hornear pan en un nuevo
hogar trae prosperidad.*

18 Martes
1.ª ♏︎
Color: rojo

19 Miércoles
1.ª ♏︎
Color: marrón

☽ Jueves
2.ª ♏︎
☽ v/c 03:46
Cuarto creciente 03:46
☽ entra en ♐︎ 09:30
Color: verde

*La energía terrosa del incienso de pachulí
fomenta la practicidad y el equilibrio.*

21 Viernes
2.ª ♐︎
Color: rosa

Horario de verano en España

22 Sábado

2.ª ♐
☽ v/c 21:31
☽ entra en ♑ 21:59
Color: añil

23 Domingo

2.ª ♑
☉ entra en ♍ 03:19
Color: ámbar

El Sol entra en Virgo.

Agosto

24 Lunes
2.ª ♑
☽ v/c 07:30
Color: gris

El gris fomenta la practicidad y el control.

25 Martes
2.ª ♑
☽ entra en ♒ 10:02
☿ entra en ♍ 12:04
Color: blanco

26 Miércoles
2.ª ♒
☽ v/c 22:59
Color: topacio

27 Jueves
2.ª ♒
☽ entra en ♓ 20:04
Color: púrpura

«Aquellos que no creen en la magia
nunca la encontrarán». — Roald Dahl

○ Viernes
2.ª ♓
Luna llena 05:18
☽ v/c 17:14
Color: coral

Luna de Maíz.
Eclipse lunar, 4° ♓ 54'.

Horario de verano en España

Luna llena: Piscis, Júpiter, Agua

Para crear un amuleto que ayude en las prácticas de adivinación, prueba esta magia de nudos de Ozark.

Corta siete trozos de hilo o lana azul, cada uno de 60 cm de largo. Llévalo afuera por la noche, bajo la Luna llena. Llena un cuenco con agua y añade aceite esencial de alcanfor o resina en polvo. Algunas tiendas metafísicas también venden agua de alcanfor, que funcionará igual de bien. Comenzando en el extremo izquierdo del grupo de siete hilos, haz un nudo con todos ellos, pero no lo aprietes aún. Pronuncia estas palabras: *Que pueda ver la verdad. Que la verdad siempre me sea mostrada. Que lo oculto salga a la luz.*

Luego, aprieta el nudo mientras soplas a través de él. Continúa de izquierda a derecha con seis nudos más (para un total de siete). Deja el manojo de hilos en remojo en el agua de alcanfor durante toda la noche. Por la mañana, sácalo del agua y deja que se seque completamente. Llévalo contigo o sostenlo mientras realizas prácticas de adivinación, pero si lees para alguien más, no dejes que nadie vea el amuleto. Recarga el amuleto en cada Luna llena sumergiéndolo nuevamente en agua de alcanfor. Quema este amuleto y crea uno nuevo en la próxima Luna llena en Piscis.

—Brandon Weston

---

29 Sábado

3.ª ♓
Color: azul

Para libertad y aventura, busca al águila.

---

30 Domingo

3.ª ♈
☽ entra en ♈ 03:38
Color: armarillo

Septiembre 2026

L	M	X	J
		1	2	3

L	M	X	J
	1	2	3
		Comienza el mes arbóreo celta de la vid.	
7	8	9	10
14	15	16	17
21	22	23	24
Día Internacional de la Paz	Mabón / Equinoccio de otoño. El Sol entra en Libra.		
28	29	30	1
		Comienza el mes arbóreo celta de la hiedra.	
5	6	7	8

V	S	D	**Notas**
☾	5	6	
● Comienza Rosh Hashaná al atardecer.	12	13	
☽	19	20 Comienza Yom Kipur al atardecer.	
25 Comienza Sukkot al atardecer.	○ Luna de la Cosecha	27	
2	3	4	
9	10	11	

31 Lunes

3.ª ♈

☽ v/c 20:47

Color: blanco

1 Martes

3.ª ♈

☽ entra en ♉ 09:01

Color: granate

2 Miércoles

3.ª ♉

☽ v/c 11:47

Color: marrón

Comienza el mes arbóreo celta de la vid.

3 Jueves

3.ª ♉

☽ entra en ♊ 12:47

Color: carmesí

Las palmeras datileras traen dulzura y abundancia,
poniendo fin a la escasez.

☾ Viernes

3.ª ♊

Cuarto menguante 08:51

Color: púrpura

Horario de verano en España

Hamburguesas caseras de frijoles negros

Prueba estas hamburguesas para atraer el coraje. Puedes comerlas solas o en pan de hamburguesa con los condimentos y acompañamientos que prefieras, como lechuga, tomate, cebolla y mostaza.

2 tazas de frijoles negros enlatados o cocidos
2 cucharaditas de orégano
2 cucharaditas de pimentón
½ cucharadita de pimienta negra
½ cucharadita de sal
1 taza de arroz integral cocido
1 taza de avena

Escurre los frijoles negros y colócalos en un tazón. Mezcla las especias, luego agrega el arroz y la avena. Machaca todo con un mortero o con el fondo de un vaso resistente. Mientras lo haces, imagina enfrentando con valentía cualquier desafío que se presente. Deja reposar la mezcla unos minutos, luego calienta 1–2 cucharadas de aceite de oliva en una sartén a fuego medio-alto. Toma ½ taza de la mezcla por cada hamburguesa, forma una bola y aplánala hasta que tenga un grosor de 1,30 cm. Fríelas en el aceite durante aproximadamente 1 minuto por cada lado hasta que estén doradas y crujientes. Se obtienen 4 hamburguesas.

—Melanie Marquis

---

5 Sábado

4.ª ♊
☽ v/c 09:40
☽ entra en ♋ 15:30
Color: gris

---

6 Domingo

4.ª ♋
Color: oro

El ojo de tigre aporta energía, visión y optimismo.

Septiembre

7 Lunes

4.ª ♋
☽ v/c 14:40
☽ entra en ♌ 17:49
Color: lavanda

8 Martes

4.ª ♌
Color: escarlata

9 Miércoles

4.ª ♌
☽ v/c 19:58
☽ entra en ♍ 20:35
Color: blanco

10 Jueves

4.ª ♍
♀ entra en ♏ 09:07
☿ entra en ♎ 17:21
♅ ℞ 19:27
Color: púrpura

● Viernes

1.ª ♍
Luna nueva 04:27
☽ v/c 06:52
Color: rosa

Comienza Rosh Hashaná al atardecer.

Horario de verano en España

---

12 Sábado

1.ª ♎
☽ entra en ♎ 00:52
Color: negro

El búho simboliza la observación y la intuición.

---

13 Domingo

1.ª ♎
☽ v/c 15:27
Color: ámbar

Septiembre

14 Lunes

1.ª ♎
☽ entra en ♏ 07:44
Color: marfil

15 Martes

1.ª ♏
Color: rojo

El nag champa potencia la conexión con la Tierra
y la concentración, ideal para la meditación.

16 Miércoles

1.ª ♏
☽ v/c 04:30
☽ entra en ♐ 17:41
Color: amarillo

17 Jueves

1.ª ♐
☿ entra en ♈ 02:51
Color: turquesa

Una chimenea o estufa de leña en o cerca de la cocina
es un excelente altar para las deidades del hogar.

☽ Viernes

1.ª ♐
☽ v/c 21:44
Cuarto creciente 21:44
Color: blanco

Horario de verano en España

Mabon: folclore del gato

En Mabon, la mayor parte de la cosecha ha sido recogida y el arduo trabajo que conlleva está casi terminado. Ahora es el momento en que el gato cumple su papel en la granja, manteniendo a raya a los molestos roedores, atraídos por el grano en el granero y el calor del interior. Mensajero tanto de la buena como de la mala suerte, dependiendo de la perspectiva, el gato negro está impregnado de simbolismo.

Quizás todo esto se deba a la tradición que sugiere que el gato no fue creado por Dios, como todas las demás criaturas. En el folclore medieval, se decía que fue el diablo quien creó al gato, y el Papa Gregorio IX llegó a describirlos como sirvientes de Satanás. En la tradición bíblica, los gatos no estaban en el arca de Noé hasta que ésta se infestó de ratas. En respuesta a una oración por un milagro, aparecieron dos gatos y el equilibrio fue restaurado.

Se creía que los gatitos nacidos en mayo traían suerte, y si un gato estornudaba tres veces, alguien contraería un resfriado. Y aunque los gatos negros suelen verse como presagios de mala suerte, si encuentras un solo pelo blanco en uno de ellos, éste te traerá suerte... siempre y cuando tengas el valor de arrancarlo, por supuesto.

—Emma Kathryn

---

19 Sábado

2.ª ♐
☽ entra en ♑ 05:55
Color: azul

---

20 Domingo

2.ª ♑
Color: amarillo

Comienza Yom Kipur al atardecer.

Septiembre

21 Lunes

2.ª ♑
☽ v/c 15:31
☽ entra en ♒ 18:14
Color: blanco

Día Internacional de la Paz

22 Martes

2.ª ♒
Color: negro

Mabon / Equinoccio de otoño

23 Miércoles

2.ª ♒
☉ entra en ♎ 01:05
☽ v/c 09:18
Color: topacio

El Sol entra en Libra.

24 Jueves

2.ª ♓
☽ entra en ♓ 04:24
Color: verde

25 Viernes

2.ª ♓
Color: coral

Comienza Sukkot al atardecer.

     Horario de verano en España

Luna llena: Aries, Marte, Fuego

Prueba este talismán espinoso de Ozark para ayudar a proteger tu hogar. Corta un trozo de hilo rojo o lana de 90 cm de largo. Necesitarás siete espinas largas (como las de la acacia de tres espinas) o siete clavos nuevos. Éstos representan las lanzas y espadas protectoras de Aries. Ata cada espina o clavo al hilo realizando tres nudos. Comienza desde el lado izquierdo y continúa hacia el derecho, dejando suficiente espacio entre cada espina o clavo para utilizar toda la cuerda. Una vez que termines, unge cada clavo o espina con aceite esencial de canela o clavo. También puedes usar aceite de chile picante.

Cuelga tu hilo horizontalmente sobre la parte superior de la puerta principal de tu casa, en el interior o exterior. Úngelo nuevamente con aceites en cada Luna llena para recargarlo. Puedes hacer más de estos talismanes para todas las entradas de tu hogar.

—Brandon Weston

○ **Sábado**

2.ª ♓

☽ v/c 09:32

☽ entra en ♈ 11:23

Luna llena 17:49

Color: marrón

Luna de la Cosecha

27 Domingo 

3.ª ♈

Color: naranja

*El naranja estimula
el entusiasmo y la comunicación.*

Octubre 2026

L	M	X	J
			1
5	6	7	8
12	13	14	15
19	20	21	22
○ Luna de Sangre	27	28 Comienza el mes arbóreo celta del junco.	29
2	3	4	5

V	S	D	**Notas**
2	☾	4	....
Finaliza Sukkot.			....
9	●	11	....
16	17	☽	....
23	24	25	....
El Sol entra en Escorpio.	Mercurio retrógrado	A las 03:00 finaliza el horario de verano en España.	....
30	31	1	....
	Samhain / Halloween		....
6	7	8	....

Septiembre / Octubre

28 Lunes

3.ª ♈
♂ entra en ♌ 03:49
☽ v/c 10:50
☽ entra en ♉ 15:40
Color: gris

29 Martes

3.ª ♉
Color: escarlata

Para fortalecer los instintos de supervivencia,
lleva un granate.

30 Miércoles

3.ª ♉
☽ v/c 00:36
☿ entra en ♏ 12:44
☽ entra en ♊ 18:26
Color: blanco

Comienza el mes arbóreo celta de la hiedra.

1 Jueves

3.ª ♊
Color: púrpura

2 Viernes

3.ª ♊
☽ v/c 03:42
☽ entra en ♋ 20:54
Color: rosa

Finaliza Sukkot.

 Horario de verano en España

Juguete del diablo

Cuidado con el diablo que camina en las sombras al caer la noche, pues si sacude un tallo plumoso de milenrama (*Achillea spp.*) en tu residencia, seguro que quedarás maldito. La milenrama ha sido asociada tanto con el diablo como con las brujas, pero, irónicamente, la planta también se ha usado para protegerse de sus malas acciones. Ya sea colgada sobre una puerta o escondida en el zapato antes de viajar, llevar milenrama cerca significaba que ningún daño podría alcanzar. Miembro de la familia de las asteráceas, ha sido utilizada  en medicina y rituales durante miles de años. Se emplea en hechizos de protección, curación, amor y adivinación.

Las flores agrupadas en copas planas de la milenrama pueden cortarse fácilmente y colocarse en una pequeña corona de parra, colgarla sobre la entrada de tu hogar e invocar su poder protector diciendo algo como esto:

Energía negativa, un anillo de milenrama te atará, para que mi mente esté en paz.

—Monica Crosson

☾ Sábado

3.ª ♋
♀ ℞ 08:16
Cuarto menguante 14:25
☽ v/c 16:08
Color: añil

Venus retrógrado hasta el 13 de noviembre.

---

4 Domingo

4.ª ♋
☽ entra en ♌ 23:54
Color: ámbar

Octubre

5 Lunes
4.ª ♌
Color: plata

6 Martes
4.ª ♌
☽ v/c 11:22
Color: negro

*El ginseng está regido por el Sol y el fuego; este famoso
adaptógeno ayuda a reducir el estrés de todo tipo.*

7 Miércoles
4.ª ♍
☽ entra en ♍ 03:53
☽ v/c 19:57
Color: marrón

*En el invierno más profundo,
el cardenal trae una chispa de esperanza.*

8 Jueves
4.ª ♍
Color: verde

9 Viernes
4.ª ♍
☽ entra en ♎ 09:11
Color: rosa

Horario de verano en España

Dumplings sin gluten con champiñones

3 cucharadas de maicena
6 tazas de agua, más ½ taza adicional
2 cucharaditas de tomillo
½ cucharadita de sal, más ½ cucharadita adicional
½ cucharadita de pimienta
1 cucharadita de orégano
225 g de champiñones blancos
2 cucharadas de mantequilla o aceite
1 cucharadita de ajo en polvo
2 tazas de harina sin gluten para todo uso
1 taza de crema espesa o leche de avena

Esta receta brinda comodidad. Mezcla la maicena en 6 tazas de agua y calienta a fuego medio con el tomillo, ½ cucharadita de sal, la pimienta y el orégano. Corta los champiñones en cuartos y cocínalos en mantequilla o aceite con el ajo en polvo hasta que estén tiernos.

Para los *dumplings*, mezcla la harina con ½ cucharadita de sal, luego añade ½ taza de agua para formar una masa. Espolvorea con más harina sin gluten y extiende sobre una superficie enharinada hasta obtener un grosor de 3 mm. Corta en rectángulos de 5 x 2,5 cm. Lleva el caldo a ebullición y agrega los *dumplings* uno por uno. Añade los champiñones y cocina durante 5 minutos. Retira del fuego y agrega la crema espesa o la leche de avena. Mientras los comes, imagina las cosas que te reconfortan. Se obtienen 6 raciones.

—Melanie Marquis

 **Sábado**

4.ª ♎
Luna nueva 16:50
Color: azul

---

11 Domingo

1.ª ♎
☽ v/c 00:07
☽ entra en ♏ 16:21
Color: amarillo

El congelador te permite trabajar la magia
de invierno incluso en climas cálidos.

Octubre

12 Lunes
1.ª ♏
Color: lavanda

13 Martes
1.ª ♏
☽ v/c 09:46
Color: rojo

14 Miércoles
1.ª ♐
☽ entra en ♐ 01:59
Color: topacio

En la tecnomagia, el vidrio es un material multifuncional, similar al cuarzo transparente en la magia natural.

15 Jueves
1.ª ♐
☽ v/c 22:56
Color: blanco

16 Viernes
1.ª ♐
♀ D 03:41
☽ entra en ♑ 13:57
Color: púrpura

Horario de verano en España

17 Sábado

1.ª ♑
Color: gris

Para relajarte y dormir bien, usa incienso de lavanda.

☽ Domingo

1.ª ♑
☽ v/c 17:13
Cuarto creciente 17:13
Color: oro

Octubre

19 Lunes

2.ª ♒
☽ entra en ♒ 02:40
Color: marfil

20 Martes

2.ª ♒
Color: escarlata

*El pájaro carpintero representa la determinación
y la capacidad de perforar obstáculos.*

21 Miércoles

2.ª ♒
☽ v/c 09:42
☽ entra en ♓ 13:35
Color: amarillo

22 Jueves

2.ª ♓
Color: turquesa

23 Viernes

2.ª ♓
☽ v/c 04:31
☉ entra en ♏ 10:38
☽ entra en ♈ 20:53
Color: coral

El Sol entra en Escorpio.

   Horario de verano en España

Luna llena: Venus, Tauro, Tierra

Planta un árbol de los deseos para atraer la buena suerte y la prosperidad. Puedes plantar un árbol en el exterior o usar una planta en maceta dentro de tu hogar.

Asegúrate de que tu árbol o planta sea fuerte y saludable. Toma un pequeño trozo de hilo verde. Comienza un nudo, pero antes de apretarlo, sopla tu deseo o intención a través de él. Ata este hilo en una rama del árbol o planta.

Realiza el mismo ritual en cada Luna llena y, durante el tiempo intermedio, asegúrate de cuidar bien tu planta. Los deseos e intenciones que ates al árbol serán bendecidos mientras el árbol viva y crezca.

—Brandon Weston

---

24 Sábado

2.ª ♈
☿ ℞ 08:13
Color: marrón

Mercurio retrógrado hasta el 13 de noviembre.

---

25 Domingo

2.ª ♈
♀ entra en ♎ 11:10
Color: naranja

Para desafiar las dificultades
de la vida, recurre a las acacias.
A las 03:00 finaliza el horario de verano en España.

Octubre/Noviembre

○ Lunes

2.ª ♉
☽ v/c 00:59
☽ entra en ♉ 01:35
Luna llena 06:12
Color: plata

Luna de Sangre

27 Martes

3.ª ♉
☽ v/c 16:51
Color: gris

28 Miércoles

3.ª ♊
☽ entra en ♊ 03:02
Color: marrón

Comienza el mes arbóreo celta del junco.

29 Jueves

3.ª ♊
☽ v/c 23:43
Color: verde

30 Viernes

3.ª ♋
☽ entra en ♋ 04:06
Color: rosa

Horario de verano en España

Samhain: folclore de la araña

Durante la temporada de Samhain, la gente a menudo decora sus hogares con elementos escalofriantes como arañas y telarañas. Sin embargo, existen muchas historias, mitos y tradiciones sobre la araña, así que acércate al fuego de Samhain y escucha un momento.

La araña está asociada con el hilado, el tejido y la paciencia. En la mitología griega, una talentosa y renombrada tejedora llamada Aracne desafió a la diosa Atenea a una competencia de tejido. Atenea, furiosa por la perfección del tapiz de Aracne, la transformó en una araña como castigo. La conexión con el hilado y la tela también se encuentra en la diosa sumeria Uttu, quien estaba vinculada con el arte del tejido.

Pero mis mitos favoritos son las historias de Anansi o Anancy. En el folclore caribeño y en el Obeah, Anancy es un «pequeño» dios, a menudo descrito como un embaucador. Aunque en muchas de sus historias es astuto y tramposo, en realidad sus relatos hablan de conocimiento, astucia y superación de obstáculos.

—Emma Kathryn

---

31 Sábado

3.ª ♋
Color: azul

Samhain / Halloween

☾ Domingo

3.ª ♋
☽ v/c 00:00
☽ entra en ♌ 06:18
Cuarto menguante 21:28
Color: oro

Día de Todos los Santos

Noviembre 2026

L	M	X	J
2	3	4	5
●	10	11	12
16	☽	18	19
23	○	25	26
	Luna de Duelo	Comienza el mes arbóreo celta del saúco.	
30	1	2	3

V	S	D	**Notas**
		☽	
		Dia de Todos los Santos	
6	7	8	
13	14	15	
Mercurio directo			
20	21	22	
		El Sol entra en Sagitario.	
27	28	29	
4	5	6	

2 Lunes

4.ª ♌
Color: blanco

3 Martes

4.ª ♌
☽ v/c 01:10
☽ entra en ♍ 09:28
Color: rojo

4 Miércoles

4.ª ♍
☽ v/c 07:57
Color: amarillo

*Quema incienso de sangre de dragón para eliminar
la negatividad y obtener protección.*

5 Jueves

4.ª ♍
☽ entra en ♎ 15:38
Color: turquesa

6 Viernes

4.ª ♎
Color: púrpura

*La hiedra está regida por Saturno y el agua.
Protege las casas del mal y, junto con el acebo,
brinda un matrimonio afortunado.*

Ojos ciegos

Según el folclore europeo, si mirabas demasiado de cerca una amapola (*Papaver spp.*), podías quedar ciego, lo que les dio el nombre folclórico de «ojos ciegos». Esto puede deberse a la creencia de que su fragancia era lo suficientemente poderosa como para inducir el sueño.

Dado que las amapolas crecen en terrenos perturbados, están asociadas con los campos de batalla. En algunas tradiciones, se cree que las amapolas brotan de la sangre de los soldados caídos. También se pensaba que esparcir semillas de amapola alrededor de una propiedad la protegía, ya que los espíritus malignos se veían obligados a contarlas. Usa las amapolas en magia para la suerte, la protección, el dinero, el destino, la fertilidad, el duelo y el renacimiento.

Cambiar el destino no es fácil. Implica salir de nuestra zona de confort, cuestionar creencias antiguas y dejar ir. A veces nos sentimos ciegos al navegar por lo desconocido, pero, con fuerza y perseverancia, podemos cambiar nuestro destino percibido.

Para ayudarte a encontrar orientación, llena un saquito con semillas de amapola, artemisa seca y una amatista, y colócalo debajo de tu almohada. Visualiza despertar a nuevas posibilidades y observa adónde te llevan tus sueños.

–Monica Crosson

---

7 Sábado

4.ª ♎
☽ v/c 14:20
☽ entra en ♏ 23:40
Color: negro

Día de cruce de Samhain
(El Sol alcanza los 15° de Escorpio).

---

8 Domingo

4.ª ♏
Color: amarillo

Noviembre

 **Lunes**

4.ª ♏

Luna nueva 08:02

Color: gris

La pantera gobierna la astucia y la verdad oculta.

10 Martes

1.ª ♏

☽ v/c 00:25

☽ entra en ♐ 09:36

Color: granate

11 Miércoles

1.ª ♐

Color: blanco

12 Jueves

1.ª ♐

☽ v/c 12:29

☽ entra en ♑ 21:27

Color: carmesí

13 Viernes

1.ª ♑

☿ D 16:54

Color: rosa

Mercurio directo

  Hora legal en España

Salsa picante de pimiento rojo y cacahuete

Prueba esta salsa sobre fideos, arroz, patatas o judías verdes para fortalecer tu resistencia interior y tenacidad.

3 cucharadas de mantequilla de cacahuete
2 cucharaditas de salsa de soja
½ taza de agua
½ de cucharadita de ajo en polvo
⅛ de cucharadita de pimienta negra
¼–½ cucharadita de hojuelas de pimiento
    rojo

Calienta la mantequilla de maní, la salsa de soja y el agua en una cacerola a fuego medio, removiendo hasta que la mezcla esté suave y bien integrada, y comience a burbujear. Añade el ajo en polvo e imagina la luz del Sol irradiando a través de la salsa. Reduce el fuego y deja que la salsa hierva a fuego lento hasta que espese. Agrega la pimienta negra y luego esparce poco a poco las hojuelas de pimiento rojo, removiendo en el sentido de las agujas del reloj mientras visualizas un círculo de bestias amistosas pero feroces rodeándote, listas para defenderte y llenarte de poder. Prueba la salsa mientras la preparas para alcanzar el nivel de picante que prefieras. Imagínate fortaleciéndote con cada bocado. Obtendrás aproximadamente ½ taza.

—Melanie Marquis

---

14 Sábado

1.ª ♑
♀ D 01:27
☽ v/c 19:56
Color: añil

Venus directo.
Un cuchillo de pelar es un buen athame para la brujería de cocina.

---

15 Domingo

1.ª ♑
☽ entra en ♒ 10:24
Color: naranja

---

16 Lunes

1.ª ♒
Color: marfil

La vara de oro fortalece el sentido
de individualidad y la autoconfianza.

☽ Martes

1.ª ♒
Cuarto creciente 12:48
☽ v/c 15:26
☽ entra en ♓ 22:19
Color: blanco

18 Miércoles

2.ª ♓
Color: marrón

19 Jueves

2.ª ♓
Color: púrpura

El jaspe del bosque lluvioso te ayuda a conectarte
con las plantas, el ecosistema y la Tierra.

20 Viernes

2.ª ♓
☽ v/c 02:46
☽ entra en ♈ 06:52
Color: rosa

Hora legal en España

---

21 Sábado

2.ª ♈
Color: azul

---

22 Domingo

2.ª ♈
☉ entra en ♐ 08:23
☽ v/c 08:38
☽ entra en ♉ 11:10
Color: ámbar

El Sol entra en Sagitario.

---

23 Lunes
2.ª ♉
Color: lavanda

◯ Martes
2.ª ♉
☽ v/c 11:09
☽ entra en ♊ 12:10
Luna llena 15:53
Color: escarlata

Luna de Duelo

25 Miércoles
3.ª ♊
Color: amarillo

Comienza el mes arbóreo celta del saúco.

26 Jueves
3.ª ♊
♂ entra en ♍ 00:37
☽ v/c 06:24
☽ entra en ♋ 11:51
Color: verde

27 Viernes
3.ª ♋
Color: coral

Hora legal en España

Luna llena: Géminis, Mercurio, Aire

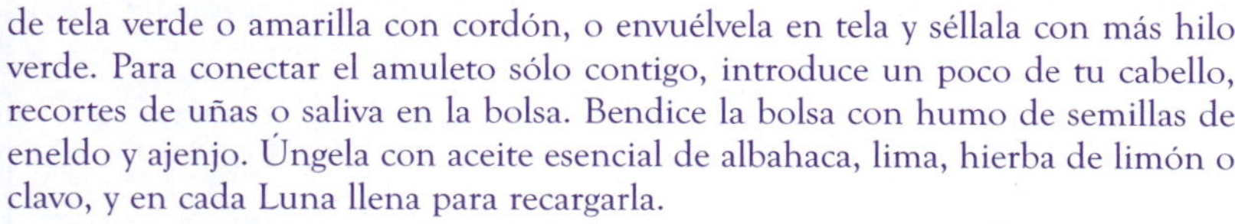

Elabora un amuleto de buena suerte utilizando hilo verde y una nuez moscada.

Corta un trozo de hilo verde de 90 cm de largo. Ata los dos extremos juntos para formar un gran lazo. Mientras lo atas, repite tres veces:

Círculo inquebrantable, suerte inquebrantable. Hasta que este hilo se rompa, que todos mis deseos se hagan realidad.

Envuelve y enreda el hilo alrededor de la nuez moscada. Colócala en una bolsita de tela verde o amarilla con cordón, o envuélvela en tela y séllala con más hilo verde. Para conectar el amuleto sólo contigo, introduce un poco de tu cabello, recortes de uñas o saliva en la bolsa. Bendice la bolsa con humo de semillas de eneldo y ajenjo. Úngela con aceite esencial de albahaca, lima, hierba de limón o clavo, y en cada Luna llena para recargarla.

Lleva el amuleto contigo y frótalo entre tus manos cuando necesites un poco de suerte extra. No dejes que nadie lo vea, pues de lo contrario, la magia se romperá.

—Brandon Weston

---

28 Sábado

3.ª ♋

☽ v/c 06:40

☽ entra en ♌ 12:21

Color: gris

*El agua, la vida y la transformación
son cualidades de la rana.*

---

29 Domingo

3.ª ♌

Color: amarillo

Diciembre 2026

L	M	X	J
	☽	2	3
7	8	●	10
14	15	16	☾
21	22	23	○
Yule / Solsticio de invierno. El Sol entra en Capricornio.			Luna de las Noches Largas. Nochebuena. Comienza el mes arbóreo celta del abedul.
28	29	☽	31
			Nochevieja
4	5	6	7

V	S	D	**Notas**
4 Comienza Hanukkah al atardecer.	5	6	....
11	12 Finaliza Hanukkah	13	....
18	19	20	....
25 Navidad.	26 Comienza Kwanzaa (finaliza el 1 de enero).	27	....
1	2	3	....
8	9	10	....

Noviembre / Diciembre

30 Lunes
3.ª ♌
☽ v/c 11:10
☽ entra en ♍ 15:13
Color: gris

☾ Martes
3.ª ♍
Cuarto menguante 07:09
Color: negro

2 Miércoles
4.ª ♍
☽ v/c 10:11
☽ entra en ♎ 21:04
Color: topacio

3 Jueves
4.ª ♎
Color: carmesí

*Para desbloquear energía estancada,
usa cuarzo cristal.*

4 Viernes
4.ª ♎
♀ entra en ♏ 09:13
☽ v/c 23:40
Color: rosa

Comienza Hanukkah al atardecer.

 Hora legal en España

Carne de cuco

Se dice que para que el mágico cuco encuentre su voz en primavera, debe comer acedera de madera (*Oxalis stricta*). Esta hierba silvestre, comestible y de sabor ácido, se encuentra en bosques y campos y puede confundirse fácilmente con el trébol. La diferencia está en sus tres hojas con forma de corazón, a diferencia de las hojas redondas del trébol. La acedera es una maravillosa representación natural de la Triple Diosa en tu altar. Se puede usar en magia para la suerte, la comunicación, la sanación y la protección.

Encontrar tu voz te libera para hablar y expresarte sin disculpas. Todos tenemos historias, opiniones y deseos que necesitan ser escuchados. Esta mezcla de té contiene hierbas para fomentar la fuerza, la resiliencia y la comunicación. Para preparar esta infusión relajante, mezcla partes iguales de hojas secas de acedera, pétalos de caléndula y hojas de diente de león. Deja reposar en agua caliente de 8 a 10 minutos. Antes de beber, invoca a la Triple Diosa diciendo:

Llamo a la Doncella para la comunicación clara,
a la Madre para encender mi fuerza,
y a la Anciana para encontrar resiliencia.
Así sea.

—Monica Crosson

---

5 Sábado

4.ª ♏
☽ entra en ♏ 05:35
Color: añil

Prepara sidra caliente con especias como
canela y nuez moscada para alejar el frío invernal.

---

6 Domingo

4.ª ♏
☿ entra en ♐ 09:33
Color: naranja

Diciembre

7 Lunes

4.ª ♏

☽ v/c 10:08

☽ entra en ♐ 16:07

Color: plata

8 Martes

4.ª ♐

Color: granate

Los artefactos tecnomágicos pueden cargarse con
la luz de una pantalla de computadora,
como la luz de la Luna en la magia natural.

 Miércoles

1.ª ♐

Luna nueva 01:52

☽ v/c 22:06

Color: marrón

El incienso de clavo puede mejorar
la concentración y la memoria.

10 Jueves

1.ª ♑

☽ entra en ♑ 04:09

☽ v/c 20:12

Color: turquesa

11 Viernes

1.ª ♑

♄ D 00:31

Color: rosa

12 Sábado

1.ª ♑
☽ entra en ♒ 17:06
♆ D 23:18
Color: azul

Finaliza Hanukkah.

13 Domingo

1.ª ♒
♃ ℞ 01:57
Color: oro

Diciembre

---

14 Lunes

1.ª ♒

☽ v/c 23:40

Color: blanco

El abedul fomenta la gentileza y la flexibilidad.

---

15 Martes

1.ª ♓

☽ entra en ♓ 05:36

Color: gris

La ardilla simboliza la previsión y el almacenamiento.

---

16 Miércoles

1.ª ♓

Color: amarillo

☽ Jueves

1.ª ♓

☽ v/c 06:43

Cuarto creciente 06:43

☽ entra en ♈ 15:34

Color: verde

Para vivir tu propia verdad, usa sugilita.

---

18 Viernes

2.ª ♈

Color: coral

   Hora legal en España

Yule: folclore del petirrojo

Aunque el petirrojo (*Robin redbreast*) es una presencia común en mi jardín durante todo el año, este encantador pajarillo cantor se ha convertido en un símbolo de Yule y los meses de invierno. Este alegre pájaro trae buena y mala fortuna, dependiendo de la historia. Algunas leyendas lo sitúan en la crucifixión de Jesús y afirman que su pecho rojo proviene de la sangre de Cristo. En otras tradiciones cristianas, se dice que el petirrojo puede moverse entre el mundo terrenal y el purgatorio.

En la mitología nórdica, el petirrojo está asociado con Thor, y por ello, se le considera un presagio de tormentas. Debido a esta conexión, si alguien dañara a un petirrojo, ¡podría ser alcanzado por un rayo!

El petirrojo también está relacionado con la muerte. Según el folclore inglés, si uno de estos pájaros entra en tu casa, es un signo seguro de que la muerte pronto visitará a alguien en el hogar. Sin embargo, no todo es malo. Otros relatos sugieren que si sueñas con un petirrojo, algo bueno está por venir.

—Emma Kathryn

---

19 Sábado

2.ª ♈
☽ v/c 17:40
☽ entra en ♉ 21:30
Color: negro

---

20 Domingo

2.ª ♉
Color: amarillo

Diciembre

21 Lunes

2.ª ♉
☽ v/c 18:26
☉ entra en ♑ 21:50
☽ entra en ♊ 23:27
Color: gris

Yule / Solsticio de invierno.
El Sol entra en Capricornio.

22 Martes

2.ª ♊
Color: escarlata

23 Miércoles

2.ª ♊
☽ v/c 18:01
☽ entra en ♋ 22:58
Color: marrón

○ Jueves

3.ª ♋
Luna llena 02:28
Color: púrpura

Nochebuena.
Luna de las Noches Largas.
Comienza el mes arbóreo celta del abedul.

25 Viernes

3.ª ♋
☽ v/c 01:09
☿ entra en ♑ 19:22
☽ entra en ♌ 22:12
Color: rosa

Navidad

   Hora legal en España

Luna llena: Cáncer, Luna, Agua

P rotege tu hogar y a tu familia con este amuleto de cuerda.

Suma las alturas de cada miembro de la familia. Mide y corta un solo trozo de hilo o lana blanca con esta longitud. Haz un nudo en cualquier parte del hilo. Antes de apretar el nudo, sopla tres veces a través del lazo. Mientras soplas el tercer aliento, aprieta el nudo. Cada miembro de la familia debe soplar a través de su propio nudo en la cuerda. Enrolla la cuerda para que quepa dentro de una pequeña bolsa blanca  con cordón. Añade resina de alcanfor y siete bayas de enebro dentro de la bolsa. Cierra la bolsa con tres nudos.

Escóndela en el centro de la casa. Un buen lugar es el fondo de un armario en la cocina, pues éste representa el corazón del hogar. Úngela con aceite esencial de enebro o alcanfor ahora y en cada Luna llena para recargar su energía. Si te mudas, quema esta bolsa y prepara una nueva en tu nuevo hogar.

—Brandon Weston

---

26 Sábado

3.ª ♌
Color: añil

Comienza Kwanzaa.

---

27 Domingo

3.ª ♌
☽ v/c 17:39
☽ entra en ♍ 23:13
Color: ámbar

Diciembre/Enero

28 Lunes
3.ª ♍
Color: lavanda

29 Martes
3.ª ♍
☽ v/c 11:18
Color: rojo

☾ Miércoles
3.ª ♎
☽ entra en ♎ 03:27
Cuarto menguante 19:59
Color: topacio

31 Jueves
4.ª ♎
Color: carmesí

Nochevieja

1 Viernes
4.ª ♎
☽ v/c 04:27
☽ entra en ♏ 11:16
Color: coral

Año Nuevo.
Finaliza Kwanzaa.

   Hora legal en España

Sopa casera de verduras

Prepara y saborea esta sopa para fortalecer la tenacidad y la determinación.

2 patatas grandes
2 zanahorias
2 tallos de apio
2 tomates roma
½ cebolla amarilla pequeña
6 tazas de agua
1 cucharadita de orégano
½ cucharadita de romero
½ cucharadita de ajo en polvo
½ cucharadita de sal
½ cucharadita de pimienta

Corta las verduras en trozos pequeños y colócalos en una olla grande. Agrega el agua y las especias y lleva a ebullición. Hierve la sopa hasta que las patatas estén tiernas, luego deja hervir a fuego lento durante unos 10 minutos, y remueve de vez en cuando. Mientrastanto, piensa en las papatas, zanahorias, ajo y cebollas creciendo bajo tierra en la oscuridad, y en los brotes verdes de esas plantas emergiendo del suelo para alcanzar el Sol. Luego, reflexiona sobre el esfuerzo necesario para alcanzar tus metas. Mientras comes la sopa, visualízate logrando el éxito y superando cualquier obstáculo con tenacidad y determinación. Se obtienen 4 raciones.

–Melanie Marquis

---

2 Sábado

4.ª ♏

Color: azul

Las flores azules de la planta lengua de perro
fomentan el pensamiento holístico.

---

3 Domingo

4.ª ♏

☽ v/c 14:33
☽ entra en ♐ 21:57
Color: oro

Acerca de los colaboradores

MAT AURYN es un brujo, psíquico profesional y maestro del ocultismo. Es también el galardonado autor del éxito de ventas internacional *Psychic Witch* y un sumo sacerdote en la tradición de brujería Sacred Fires. Es profesor en la Modern Witch University y tiene una columna en la revista *Witches & Pagans* titulada *Extra-Sensory Witchcraft*. Ha aparecido en diversas revistas, programas de radio, pódcast, libros, antologías y otras publicaciones periódicas. Para saber más sobre su trabajo, visita su sitio web o síguelo en Instagram: @matauryn

ELIZABETH BARRETTE ha estado involucrada en la comunidad pagana por más de treinta y cinco años. Fue editora gerente de *PanGaia* durante ocho años y decana de estudios en la *Grey School of Wizardry* por cuatro años. Su libro *Composing Magic* explica cómo combinar la escritura con la espiritualidad. Vive en el centro de Illinois. Visítala en penultimateproductions.weebly.com y ysabetwordsmith.dreamwidth.org

PAMELA CHEN es autora de *Enchanted Crystal Magic*, coautora de *The Mandarin Tree* y creadora de *Witchling Academy Tarot* y *Tarot of the Owls*. También trabaja como *coach* de negocios, riqueza y manifestación de dinero. Ayuda a creativos y visionarios de alto rendimiento a acceder al potencial y oportunidades del campo cuántico y los registros akáshicos, expandiendo su conciencia energética hacia posibilidades infinitas y magia real. Visítala en MagicalPam.com

MONICA CROSSON (Concrete, WA) es una maestra jardinera que ha enseñado esta disciplina en la oficina de extensión de la Universidad Estatal de Washington durante más de veinticinco años. Ha sido una bruja practicante y educadora por más de treinta años y es miembro del Evergreen Coven. Es autora de *The Magickal Family*, *Wild Magical Soul* y *A Year in the Enchanted Garden*, además de colaboradora habitual en revistas como *Enchanted Living* y *Witchology*. Visítala en AuthorMonicaCrosson.com

JENNIFER HEWITSON ha sido ilustradora *freelance* desde 1985. Sus ilustraciones han aparecido en publicaciones locales y nacionales, entre ellas *The Wall Street Journal*, *The Washington Post*, *Los Angeles Times*, *US News & World Report* y la revista *Ladybug*. Ha trabajado en publicidad y *packaging* para clientes como Disney y el zoo de San Diego. Ha creado una línea de tarjetas de felicitación para Sun Rise Publications e ilustrado varios libros infantiles. Su trabajo ha sido reconocido por diversas organizaciones, incluida la Society of Illustrators of Los Angeles, y ha aparecido en revistas como *Communication Arts*, *Print* y *How*.

JAMES KAMBOS es escritor y artista folclórico. Desde su hogar en las hermosas colinas del sur de Ohio, escribe ensayos y artículos sobre magia, hierbas y folclore. Disfruta cultivando flores silvestres.

EMMA KATHRYN (Nottinghamshire, Reino Unido) es escritora en *Witch Way Magazine*, *The House of Twigs blog*, *Stone, Root, and Bone blog*, *Spiral Nature blog* y *Gods & Radicals*. Es presentadora del *Wild Witch Podcast* y ha participado como ponente en varios eventos paganos en el Reino Unido, incluida la Magickal Women Conference en Londres. Visítala en www.EmmaKathrynWildWitchcraft.com

MELANIE MARQUIS es una autora galardonada de numerosos libros, entre ellos *Cookbook of Shadows*, *Llewellyn's Little Book of Moon Spells* y *Carl Llewellyn Weschcke*. También es la creadora de *Modern Spellcaster's Tarot* (ilustrado por Scott Murphy) y *The Stuffed Animal Tarot* (junto a Aidan Harris y Mia Harris). Produce la Mystical Minds Convention y otros eventos locales, regionales y nacionales. Además, es la creadora del canal @StuffedAnimalMagickShop en TikTok y YouTube. Puedes reservar una lectura de tarot o comprar artículos mágicos para el hogar, mezclas de especias y arte popular en MelanieMarquis.com

CHARLYNN WALLS es una miembro activa de su comunidad local y su aquelarre. Ha practicado la brujería durante más de veinticinco años y actualmente vive en el centro de Misuri con su familia. Se apoya en su formación en antropología y arqueología, así como en su experiencia personal, para dar forma a su práctica diaria. Continúa compartiendo su conocimiento a través de la enseñanza en línea, festivales locales y la publicación de artículos con Llewellyn.

BRANDON WESTON (Fayetteville, AR) es sanador, escritor y folclorista. Es el creador de *Ozark Healing Traditions*, un colectivo en línea de artículos, conferencias y talleres centrados en la región montañosa de Ozark. Como sanador popular, su trabajo con clientes abarca desde limpiezas espirituales hasta bendiciones de hogares. Proviene de una larga tradición de pobladores de Ozark y también es herborista popular, médico de hierbas (*yarb doctor*) y doctor de poder (*power doctor*). Es el autor de *Ozark Folk Magic*, *Ozark Mountain Spell Book* y *Granny Thornapple's Book of Charms*. Visítalo en OzarkHealing.com

Apéndice

Influencias mágicas diarias

Cada día está regido por un planeta y sus influencias mágicas específicas.

Lunes (Luna): paz, sanación, afecto, percepción psíquica.
Martes (Marte): pasión, valor, agresión, protección.
Miércoles (Mercurio): estudio, viaje, adivinación, sabiduría.
Jueves (Júpiter): expansión, dinero, prosperidad, generosidad.
Viernes (Venus): amor, amistad, reconciliación, belleza.
Sábado (Saturno): longevidad, desenlaces, hogar.
Domingo (Sol): sanación, espiritualidad, éxito, fuerza, protección.

Correspondencias cromáticas

A cada día le corresponde un color, de acuerdo con las influencias planetarias.

Lunes: gris, lavanda, blanco, plata, marfil.
Martes: rojo, blanco, negro, gris, castaño, escarlata.
Miércoles: amarillo, marrón, blanco, topacio.
Jueves: verde, turquesa, blanco, púrpura, carmesí.
Viernes: blanco, rosa, rosado, púrpura, coral.
Sábado: marrón, gris, azul, índigo, negro.
Domingo: amarillo, naranja, oro, ámbar.

Fases lunares

Creciente: desde la Luna nueva hasta la Luna llena, es el momento ideal para usar la magia con el fin de atraer aquello que deseas hacia ti.

Menguante: desde la Luna llena hasta la Luna nueva, es el momento del estudio, la meditación y el trabajo mágico para eliminar energías dañinas.

Signos lunares

La Luna se desplaza constantemente por los signos del zodíaco desde Aries hasta Piscis y permanece aproximadamente dos días y medio en cada uno de ellos. La Luna influye en el signo que ocupa y produce distintas energías que afectan a nuestra vida cotidiana.

Aries: buen momento para emprender nuevas metas. Las cosas ocurren y se desarrollan con rapidez. La gente tiende a la argumentación y a reafirmarse.

Tauro: las cosas empiezan a demorarse, tienden a aumentar de valor y empiezan a ser reacias al cambio. Aporta aprecio por la belleza y las experiencias sensoriales.

Géminis: las cosas comienzan a cambiar fácilmente por influencias externas. Tiempo para tomar atajos, para la comunicación, los juegos y la diversión.

Cáncer: estimula las relaciones emocionales entre personas. Apoya el crecimiento y el desarrollo. Tendencia a los asuntos domésticos.

Leo: enfatiza el propio ser y las ideas e instituciones principales, ajeno a la conexión con los demás y sus necesidades emocionales.

Virgo: favorece el cumplimiento de los detalles y de las órdenes superiores. Enfatiza la salud, la higiene y la planificación de los días.

Libra: favorece la cooperación, los compromisos, las actividades sociales, el equilibrio, la amistad y las asociaciones.

Escorpio: aumenta la percepción del poder psíquico. Precipita las crisis psíquicas y pone fin a las relaciones de manera abrupta. La gente tiende a pensar y a ser reservada.

Sagitario: anima a las confidencias y hace volar la imaginación. Esta Luna es aventurera, filosófica y atlética. Favorece la expansión y el crecimiento.

Capricornio: desarrolla una estructura sólida. Da importancia a las tradiciones, la responsabilidad y las obligaciones. Buena época para establecer límites y reglas.

Acuario: energía rebelde. Es tiempo de cambiar costumbres y realizar cambios drásticos. Se da importancia a la libertad personal y a la individualidad.

Piscis: importancia de los sueños, la nostalgia, la intuición y las impresiones psíquicas. Buen momento para las actividades espirituales y filantrópicas.

Piedras preciosas

Las piedras preciosas se pueden utilizar para una variedad de propósitos e intenciones.

Amatista: conciencia, armonía, amor, espiritualidad, protección.
Ámbar: ambición, equilibrio, claridad, curación, protección, éxito.
Citrina: principios, cambio, claridad, metas, bondad, renacimiento, sueño.
Cuarzo: conciencia, claridad, comunicación, orientación, curación, renacimiento.
Esmeralda: clarividencia, encantamiento, celos, suerte, espíritus, deseos.
Hematita: equilibrio, arraigo, conocimiento, negatividad, poder, fuerza.
Jade: abundancia, trabajo de ensueño, dinero, cuidados, paz, bienestar, sabiduría.
Magnetita: atracción, fidelidad, arraigo, relaciones, fuerza de voluntad.
Obsidiana: el más allá, agresión, muerte, miedo, arraigo, crecimiento, obstáculos.
Ojo de tigre: batalla, claridad, deseo, energía, purificación, fuerza, juventud.
Piedra luna: destino, adivinación, intuición, conocimiento, luz, sueño.
Rubí: compasión, conexiones, felicidad, amor, lealtad, pasión, respeto.
Topacio: adaptabilidad, coraje, introspección, pérdida, prosperidad, sabiduría.
Turmalina: atracción, negocios, conciencia, orientación, capacidad psíquica.
Turquesa: calma, cambio, creatividad, trabajo de ensueño, empatía, energía, metas, curación, unidad.
Zafiro: reino astral, dedicación, emociones, fe, mejora, perspicacia.

Chakras

Los chakras son centros de energía espiritual ubicados a lo largo de la parte central del cuerpo.

Chakra raíz: se activa con el color rojo y se equilibra con el blanco. Está vinculado a la comodidad, el arraigo, la seguridad y el apoyo.
Chakra sacro: se activa con el color naranja y se equilibra con el marrón. Está vinculado a la creatividad, el deseo, la libertad y la pasión.
Chakra del plexo solar: se activa con el color amarillo y se equilibra con el marrón. Está vinculado a la confianza, el poder, la transformación y la fuerza de voluntad.
Chakra del corazón: se activa con el color verde y se equilibra con el rosa o los tonos rosados. Está vinculado a la belleza, la compasión, la curación, el amor y el *mindfulness*.
Chakra de la garganta: se activa con el color azul y se equilibra con el turquesa. Está vinculado a la comunicación, la inspiración, la liberación y la verdad.
Chakra de la frente: se activa con el color índigo y se equilibra con el blanco. Está vinculado a la claridad, la iluminación, la intuición, las visiones y la sabiduría.
Chakra corona: se activa con el color violeta y se equilibra con el dorado o el blanco. Está vinculado a la conciencia, la energía cósmica, el esclarecimiento, el conocimiento y la espiritualidad.

Hierbas y plantas

Las hierbas son útiles en hechizos, rituales, cocina de brujería, salud, belleza y artesanía, y tienen muchas correspondencias mágicas comunes.

Ajo: ansiedad, destierro, defensa, curación, mejora, clima.

Albahaca: defensa, hogar, amor, prosperidad, protección, purificación, éxito.

Amapola: reino astral, trabajo de ensueño, fertilidad, suerte, prosperidad, sueño, visiones.

Aquilea: conciencia, destierro, calma, desafíos, poder, protección, éxito.

Borraja: autoridad, negocios, felicidad, dinero, poder, purificación.

Caléndula: autoridad, conciencia, resistencia, curación, longevidad, visiones.

Clavel: confianza, creatividad, curación, protección, fuerza, verdad.

Diente de león: conciencia, claridad, emociones, libertad, la mente, deseos.

Gardenia: comodidad, compasión, el hogar, matrimonio, paz, amor verdadero.

Geranio: equilibrio, concentración, fertilidad, perdón, curación.

Helecho: destierro, concentración, dinero, poder, protección, liberación, espíritus.

Hiedra: animales, apegos, fertilidad, fidelidad, crecimiento, honor, secretos, seguridad.

Hinojo: agresión, valentía, energía, estimulación, protección, fuerza.

Jazmín: vinculación, deseo, trabajo de ensueño, gracia, prosperidad, relaciones.

Lavanda: calma, creatividad, amistad, paz, purificación, sensibilidad, sueño.

Lila: adaptabilidad, belleza, clarividencia, adivinación, emociones, espíritus.

Madreselva: afecto, gentileza, felicidad, optimismo, capacidades psíquicas.

Manzanilla: equilibrio, belleza, calma, trabajo de ensueño, gentileza, paz, sueño.

Margarita: belleza, alegría, adivinación, inocencia, amor, placer.

Mejorana: comodidad, familia, inocencia, soledad, amor, purificación.

Menta: acción, despertar, claridad, inteligencia, la mente, estimulación.

Narciso: el más allá, belleza, hadas, fertilidad, suerte, espíritus.

Romero: destierro, vinculación, defensa, determinación, curación, memoria, protección.

Rosa: afecto, atracción, bendiciones, fidelidad, amor, paciencia, sexualidad.

Salvia: consagración, arraigo, orientación, memoria, obstáculos, inversión.

Tomillo: confianza, crecimiento, felicidad, honestidad, purificación, dolor.

Trébol: comunidad, amistad, bondad, suerte, riqueza, juventud.

Violeta: belleza, cambios, finales, desengaño, esperanza, lujuria, pasión, timidez.

Puedes encontrar el catálogo completo de correspondencias en *Llewellyn's Complete Book of Correspondences*, de Sandra Kynes.

Eclipses para el año 2026

17 de febrero; eclipse solar 28° ♒ 50
3 de marzo; eclipse lunar 12° ♍ 54'
12 de agosto; eclipse solar 20° ♌ 02'
28 de agosto; eclipse lunar 4° ♓ 54'

Lunas llenas para el año 2026

Luna Fría: 3 de enero 3, 11:03 am
Luna Avivadora: 1 de febrero, 23:09 pm
Luna de Tormenta: 3 de marzo, 12:38 am
Luna de Viento: 2 de abril 1, 03:12 pm
Luna de las Flores: 1 de mayo, 18:23 pm
Luna Azul: 31 de mayo 31, 09:45 am
Luna de Sol Fuerte: 30 de junio, 00:57 pm
Luna de Bendiciones: 29 de julio, 15:36 am
Luna de Maíz: 28 de agosto, 05:18 am
Luna de Cosecha: 26 de septiembre, 17:49 pm
Luna de Sangre: 26 de octubre, 06:12 am
Luna de Duelo: 24 de noviembre, 15:53 am
Luna de las Noches Largas: 24 de diciembre, 02:28 pm

Retrogradaciones planetarias para el año 2026

Urano	℞	06/09/25	05:51	—	Directo	04/02/26	03:33
Júpiter	℞	11/11/25	17:41	—	Directo	11/03/26	05:30
Mercurio	℞	26/02/26	07:48	—	Directo	20/03/26	21:33
Plutón	℞	06/05/26	16:34	—	Directo	16/10/26	03:41
Mercurio	℞	29/06/26	18:36	—	Directo	23/07/26	23:58
Neptuno	℞	07/07/26	11:55	—	Directo	12/12/26	23:18
Saturno	℞	26/07/26	20:56	—	Directo	11/12/26	00:31
Urano	℞	10/09/26	19:27	—	Directo	08/02/27	13:29
Venus	℞	03/10/26	08:16	—	Directo	14/11/26	01:27
Mercurio	℞	24/10/26	08:13	—	Directo	13/11/26	16:54
Júpiter	℞	13/12/26	01:57	—	Directo	13/04/27	03:12

Tabla de lunas vacías de curso para el año 2026

ENERO

| Último aspecto | | Entrada signo | | |
Fecha	Hora	Fecha	Signo	Hora
2	13:24	2	♋	14:09
4	13:59	4	♌	14:44
6	14:05	6	♍	17:57
9	00:23	9	♎	01:06
10	18:54	11	♏	11:55
13	23:59	14	♐	00:34
16	12:19	16	♑	12:47
18	22:57	18	♒	23:18
21	03:16	21	♓	07:50
23	14:17	23	♈	14:26
24	22:36	25	♉	19:05
27	18:58	27	♊	21:55
29	20:57	29	♋	23:32
31	22:52	1/2	♌	01:09

FEBRERO

| Último aspecto | | Entrada signo | | |
Fecha	Hora	Fecha	Signo	Hora
2	23:55	3	♍	04:21
5	08:49	5	♎	10:33
7	12:59	7	♏	20:13
10	08:01	10	♐	08:22
12	20:29	12	♑	20:44
15	02:31	15	♒	07:17
17	13:01	17	♓	15:09
19	16:23	19	♈	20:39
21	12:11	22	♉	00:31
23	23:29	24	♊	03:29
26	00:00	26	♋	06:11
28	05:21	28	♌	09:17

MARZO

| Último aspecto | | Entrada signo | | |
Fecha	Hora	Fecha	Signo	Hora
2	13:27	2	♍	13:34
4	15:53	4	♎	19:56
6	00:22	7	♏	05:01
9	13:28	9	♐	17:37
11	11:38	12	♑	06:07
14	13:33	14	♒	17:13
16	21:57	17	♓	01:16
19	03:23	19	♈	06:03
20	11:23	21	♉	08:35
23	07:40	23	♊	10:19
25	00:37	25	♋	12:33
27	13:40	27	♌	16:10
29	18:28	29	♍	20:33
1/4	01:31	1/4	♎	03:51

ABRIL

| Último aspecto | | Entrada signo | | |
Fecha	Hora	Fecha	Signo	Hora
2	09:55	3	♏	13:11
5	22:29	6	♐	00:32
8	10:52	8	♑	13:04
10	23:24	11	♒	00:55
13	08:42	13	♓	09:55
15	14:07	15	♈	15:04
17	12:52	17	♉	16:58
19	16:45	19	♊	17:18
20	06:17	21	♋	18:00
23	20:28	23	♌	20:41
24	23:21	26	♍	02:04
27	12:12	28	♎	10:03
30	09:52	30	♏	20:02

MAYO

| Último aspecto | | Entrada signo | | |
Fecha	Hora	Fecha	Signo	Hora
2	09:47	3	♐	07:33
4	22:33	5	♑	20:06
7	15:18	8	♒	08:27
10	06:09	10	♓	18:39
12	11:04	13	♈	01:04
14	22:33	15	♉	03:31
17	02:02	17	♊	03:23
17	20:36	19	♋	02:46
20	14:27	21	♌	03:48
21	23:05	23	♍	07:57
25	01:54	25	♎	15:34
27	12:32	28	♏	01:53
30	01:05	30	♐	13:45
31	14:21	2/6	♑	02:19

JUNIO

| Último aspecto | | Entrada signo | | |
Fecha	Hora	Fecha	Signo	Hora
31/5	14:21	2	♑	02:19
4	04:04	4	♒	14:46
5	20:51	7	♓	01:43
9	01:38	9	♈	09:33
11	09:22	11	♉	13:28
13	08:30	13	♊	14:06
15	03:54	15	♋	13:14
17	08:41	17	♌	13:05
19	12:30	19	♍	15:37
21	18:33	21	♎	21:55
24	05:11	24	♏	07:43
26	18:10	26	♐	19:41
28	06:05	29	♑	08:19

JULIO

| Último aspecto | | Entrada signo | | |
Fecha	Hora	Fecha	Signo	Hora
1	12:51	1	♒	20:33
3	18:27	4	♓	07:30
6	06:21	6	♈	16:07
8	19:42	8	♉	21:31
10	11:13	10	♊	23:42
11	23:11	12	♋	23:46
14	10:44	14	♌	23:35
15	23:27	17	♍	01:07
18	23:13	19	♎	05:57
21	12:06	21	♏	14:35
22	22:48	24	♐	02:07
25	15:58	26	♑	14:44
28	07:11	29	♒	02:46
30	22:27	31	♓	13:14

AGOSTO

| Último aspecto | | Entrada signo | | |
Fecha	Hora	Fecha	Signo	Hora
2	13:33	2	♈	21:37
4	19:52	5	♉	03:35
7	00:25	7	♊	07:08
9	06:27	9	♋	08:46
10	08:30	11	♌	09:38
12	18:37	13	♍	11:18
13	20:24	15	♎	15:20
17	12:31	17	♏	22:46
20	03:46	20	♐	09:30
22	21:31	22	♑	21:59
24	07:30	25	♒	10:02
26	22:59	27	♓	20:04
28	05:14	30	♈	03:38
31	20:47	1/9	♉	09:01

SEPTIEMBRE

| Último aspecto | | Entrada signo | | |
Fecha	Hora	Fecha	Signo	Hora
31/8	20:47	1	♉	09:01
2	11:47	3	♊	12:47
5	09:40	5	♋	15:30
7	14:40	7	♌	17:49
9	19:58	9	♍	20:35
11	06:52	12	♎	00:52
13	15:27	14	♏	07:44
15	16:30	16	♐	17:41
18	21:44	19	♑	05:55
21	15:31	21	♒	18:14
23	09:18	24	♓	04:24
26	09:32	26	♈	11:23
28	10:50	28	♉	15:40
30	00:36	30	♊	18:26

OCTUBRE

| Último aspecto | | Entrada signo | | |
Fecha	Hora	Fecha	Signo	Hora
2	03:42	2	♋	20:54
3	16:08	4	♌	23:54
6	11:22	7	♍	03:53
7	19:57	9	♎	09:11
11	00:07	11	♏	16:21
13	09:46	14	♐	01:59
15	22:56	16	♑	13:57
18	05:13	19	♒	02:40
21	09:42	21	♓	13:35
23	04:31	23	♈	20:53
26	00:59	26	♉	01:35
27	16:51	28	♊	03:02
29	23:43	30	♋	04:06
1/11	00:00	1/11	♌	06:18

NOVIEMBRE

| Último aspecto | | Entrada signo | | |
Fecha	Hora	Fecha	Signo	Hora
1	00:00	1	♌	06:18
3	01:10	3	♍	09:28
4	07:57	5	♎	15:38
7	14:20	7	♏	23:40
10	00:25	10	♐	09:36
12	12:29	12	♑	21:27
14	19:56	15	♒	10:24
17	15:26	17	♓	22:19
20	02:46	20	♈	06:52
22	08:38	22	♉	11:10
24	11:09	24	♊	12:10
26	06:24	26	♋	11:51
28	06:40	28	♌	12:21
30	11:10	30	♍	15:13

DICIEMBRE

| Último aspecto | | Entrada signo | | |
Fecha	Hora	Fecha	Signo	Hora
2	10:11	2	♎	21:04
4	23:40	5	♏	05:35
7	10:08	7	♐	16:07
9	22:06	10	♑	04:09
10	20:12	12	♒	17:06
14	23:40	15	♓	05:36
17	06:43	17	♈	15:34
19	17:40	19	♉	21:30
21	18:26	21	♊	23:27
23	18:01	23	♋	22:58
25	01:09	25	♌	22:12
27	17:39	27	♍	23:13
29	11:18	30	♎	03:27
1/1	04:27	1/1	♏	11:16

Diferencias horarias

Las fechas y horas de los acontecimientos astrológicos citados en esta agenda están calculadas para la hora legal en España. Si vives en Canarias, deberás restar una hora.

Se ha tenido en cuenta el horario de verano, que empieza el último domingo de marzo a las 02:00 y finaliza el último domingo de octubre a las 03:00. Para América del Sur, deberás efectuar la resta siguiente mientras en España está vigente el horario de invierno.

Ciudad de México	– 7 h	Caracas	–5 h
Tegucigalpa	– 7 h	La Paz	–5 h
Bogotá	– 6 h	Asunción	–5 h
Lima	– 6 h	Brasilia	–4 h
Managua	– 6 h	Montevideo	–4 h
Panamá	– 6 h	Buenos Aires	–4 h

Mientras dure el horario de verano en España, deberás restar una hora más. Cuando en tu país esté vigente el horario de verano, suma una hora más. Por ejemplo, el día 29 de julio encontrarás en la agenda que la Luna entra en Acuario a las 07:11. Ésta es la hora en España. Si vives en Ciudad de México, deberás restar siete horas (–7) a lo que indica la agenda. Pero también deberás sumar una hora (+1) porque España se encuentra en horario de verano. El resultado es restar 6 horas a las 07:11. O sea, en Ciudad de México, la Luna entra en Acuario a las 01:11 del día 29 de julio.

Las festividades estacionales

Festividades	Hemisferio norte	Hemisferio sur
Samhain	31 de octubre	30 de abril
Yule	21 de diciembre	21 de junio
Imbolc	2 de febrero	2 de agosto
Ostara	19 de marzo	19 de septiembre
Beltane	1 de mayo	1 de noviembre
Litha	20 de junio	20 de diciembre
Lammas / Lughnasadh	1 de agosto	1 de febrero
Mabon	22 de septiembre	22 de marzo